ANDREA GAMBERI

NEGOZIARE CON LA BANCA

I 20 Segreti Per Trovare Un Accordo E Risolvere I Problemi Con Il Tuo Istituto Di Credito

Titolo

"Negoziare con la banca"

Autore

Andrea Gamberi

Editore

Bruno Editore

Sito internet

http://www.brunoeditore.it

Sommario

Prefazione

Questo libro parla di un problema molto attuale: come negoziare con la propria Banca quando ci sono delle situazioni di difficoltà.

Nello specifico Andrea affronta il problema della trattativa con gli Istituti di Credito introducendo quella che è tra le negoziazioni più impegnative da fare con la propria Banca: lo "stralcio" di un credito nei confronti di un individuo che non sta più pagando regolarmente il prestito ricevuto.

Molto spesso gli investitori immobiliari sono malvisti da queste persone. Di solito chi si trova a vivere l'esperienza di avere la propria casa all'Asta li percepisce come degli individui che si approfittano delle difficoltà altrui per fare affari.

La verità è un'altra: gli investitori immobiliari, molto spesso, forniscono il denaro necessario per estinguere tutti i debiti delle persone in difficoltà. Sono loro che, indirettamente e con il proprio denaro, aiutano coloro che stanno subendo un'azione esecutiva a risolvere i propri problemi.

Come investitore immobiliare e come imprenditore considero molto importante il saper negoziare con il proprio Istituto di Credito e credo che questo libro sia molto utile per capire meglio le dinamiche che stanno alla base del comportamento di molte Banche.

Vi auguro una buona lettura.

Alfio Bardolla

Introduzione

Al giorno d'oggi è opinione comune che le Banche siano soggetti di cui diffidare. In televisione sentiamo di crack bancari, commissariamenti, salvataggi di Stato, truffe, soldi spariti nel nulla per colpa dello scoppiare di "bolle speculative" ecc.

Migliaia di persone stanno perdendo la loro casa perché non riescono più a pagare il mutuo. Aziende chiudono o falliscono. Padri e madri di famiglia perdono il lavoro e si trovano in mezzo ad una strada con i debiti da pagare; il tutto a un'età che rende loro difficile trovare un'altra occupazione.

Cause legali, costi, danni, vite spezzate.

Ma, alla fine, era proprio necessario tutto ciò? Non esistevano alternative al conflitto? È proprio vero che la colpa è solamente della Banca? L'Istituto di Credito ha interesse a trattare con il proprio debitore?

Se deciderai di continuare a leggere questo libro fino in fondo troverai una risposta a queste e a molte altre domande ma, soprattutto, potrai trovare un modo per farti valere con la Banca e individuare una soluzione ai tuoi problemi, qualunque essi siano.

Mi presento

Mi chiamo Andrea Gamberi, classe 1979. Mi occupo di negoziare con gli Istituti di Credito e le Finanziarie per risolvere i problemi dei miei clienti.

Il mio obiettivo non era quello di fare l'avvocato: volevo diventare notaio. Non tanto perché i notai guadagnano più degli avvocati ma perché **non sono mai stato un "fan" dei Tribunali.**

Ho sempre pensato che **è molto rischioso attribuire a un'altra persona il potere di decidere della propria vita.** Purtroppo è proprio quello che succede quando decidi di "cimentarti" in una causa legale. In quel momento concedi al Giudice la possibilità di decidere della tua sorte.

Il notaio, invece, ha una funzione c.d. "anti-processualistica". Il suo compito è quello di evitare che le parti possano giungere ad una lite. Ruolo molto più vicino alla mia indole.

Per motivi familiari, però, ho dovuto mettere da parte l'ambizione di diventare notaio e ho iniziato a lavorare all'interno di un noto Studio Legale della mia zona.
I clienti principali dello Studio erano proprio le Banche. Io e altri ci occupavamo di recuperare i loro crediti e gestire le cause contro di loro.
Nel tempo, poi, ho fatto da consulente esterno per una società di recupero crediti che aveva tra i suoi clienti delle società finanziarie.

Negli anni, quindi, ho compreso molto bene il modo di ragionare degli Istituti di Credito. Ho capito, soprattutto, che tale modo di pensare faceva perdere loro milioni di euro e portava alla rovina finanziaria migliaia di famiglie in tutta Italia.

Non ero più disposto a lavorare in quel modo e ho deciso di tirarmene fuori. Ho lasciato lo Studio Legale in cui lavoravo e ho aperto una mia società.

Mi sono messo a fare il consulente aziendale in un ambito completamente differente, fino a quando non mi è stato proposto di portare avanti, in team, un progetto molto ambizioso che mi ha portato di nuovo a contatto con gli Istituti di Credito. Questa volta, però, "dall'altra parte della barricata" dalla parte del debitore.

Adesso mi occupo di trattare con le Banche e le Finanziarie per chiudere "a saldo e stralcio" i debiti delle persone che assistiamo.

Il progetto sia chiama *"Gruppo KT"* e, in pochi anni, abbiamo salvato decine di famiglie dal tracollo finanziario derivante dai debiti con le Banche.

Se ti stai chiedendo che cosa significa *"KT"* te lo spiego subito: nel gioco degli scacchi, tale sigla è l'abbreviazione del "cavallo" (Knight). Questo pezzo è unico nel suo genere perché, a differenza di tutti gli altri, può superare gli ostacoli che si trova di fronte. La peculiarità di riuscire sempre a superare gli ostacoli e di raggiungere il risultato che si è individuato sono i requisiti fondamentali per essere parte del gruppo di professionisti che aderiscono a questo progetto. Di qui: *"Gruppo KT"*.

Perché scrivere un libro sulla negoziazione con gli Istituti di Credito?

Ho deciso di scrivere questo libro perché mi sono accorto che, quando si tratta di negoziare con una Banca o Finanziaria, c'è moltissima ignoranza e una sorta di "paura reverenziale" su tutti i fronti: sia dalla parte dei debitori, sia da quella dei legali che non sono abituati ad avere come controparti proprio questo tipo di realtà.

A chi è rivolto questo libro?

Questo testo è principalmente rivolto a tutte quelle persone che vogliono capire come negoziare con il proprio Istituto di Credito o Finanziaria. Lo scrivo, anche, per tutti gli operatori del settore o per chi vorrebbe esserlo: avvocati, commercialisti e investitori immobiliari.

Lo scopo di questo libro è quello di fornirti tutti gli strumenti per farti diventare un abile negoziatore, così da permetterti di risolvere ogni tuo problema con la Banca.

Ti farò riflettere ponendoti delle domande, ti darò delle risposte e ti fornirò una visione d'insieme di un mondo complicato; di una realtà fatta di tantissime regole e, soprattutto, di tantissime persone.

Visto che il mio lavoro è quello di risolvere i problemi dei debitori negoziando con le Banche, in questo testo parlerò di situazioni "estreme": di revoca degli affidamenti, di azioni esecutive, di cessione del credito, di Aste giudiziarie e di saldi e stralci ecc.

Questo non vuol dire che i principi espressi qui di seguito non possano essere utilizzati per negoziare semplicemente una rata del mutuo più bassa oppure un problema su uno scoperto di conto.

Sono **regole generali** che io utilizzo e che, fino ad ora, hanno sempre funzionato.

Dopo il capitolo introduttivo, ho diviso questo libro in tre sezioni per agevolarne la lettura:

-nella **prima sezione** prenderò in analisi tutte le parti in causa (Istituto di Credito, cliente/debitore e consulenti delle parti) e i loro rispettivi problemi;

-nella **seconda sezione** andremo a vedere quali sono le alternative (B.A.T.N.A.) di tutte le parti rispetto al negoziato;

-nella **terza sezione**, infine, tratteremo della negoziazione vera e propria.

Come ti spiegherò più avanti, il vero segreto di una buona trattativa è quello di arrivare **PREPARATI** alla stessa. Proprio per questo motivo due terzi di questo libro sono dedicati a come prepararsi ad affrontare la negoziazione mentre solamente un terzo è dedicato alla negoziazione vera e propria.

Se il tuo scopo è quello di ottenere qualche risultato dalla lettura di questo testo, ti sconsiglio vivamente di "saltare qua e là" per le pagine di questo libro o di leggere solamente la parte finale. Ogni singola riga è stata scritta per spiegare come e perché una trattativa con la Banca può funzionare o meno.

Saltare qualche argomento ti renderà solamente più difficoltoso capire come fare a trovare un accordo con l'Istituto di Credito per risolvere i tuoi problemi.

Ogni tanto, inoltre, ti svelerò anche qualche piccolo segreto che potrebbe esserti molto utile durante la tua negoziazione. Ti svelo subito il primo.

SEGRETO n. 1

La tua Banca o Finanziaria sono al tuo stesso livello. Come te hanno molto da perdere se il vostro rapporto si dovesse incrinare o rompere del tutto. **Tu sei un cliente a cui hanno già prestato dei soldi che potrebbero non rivedere mai più.**

Non ha senso avere timore di trattare.

Ricordati, però, che negoziare è un'arte. Come ogni forma d'arte ci vogliono tempo e molta pratica per farla propria. Io ti darò degli spunti di riflessione e ti darò un concentrato di quello che so e delle mie esperienze personali. Se vuoi ottenere un risultato, però, devi applicare quanto scritto in queste pagine cimentandoti in prima persona nella negoziazione.

Ti auguro una buona lettura
Andrea Gamberi

Capitolo 1:

Perché i casi di insolvenza stanno aumentando

1.1 Quali segnali ci dicono che la situazione sta peggiorando?

Non so se hai mai visitato un sito di Aste Giudiziarie Immobiliari ma, se lo hai fatto, sicuramente ti sarai subito accorto di una cosa: quel sito era pieno di immobili. Non una decina ma centinaia, migliaia di case, uffici, terreni messi in vendita a prezzi stracciati.

Rispetto a qualche anno fa il numero delle procedure esecutive (quelle che, alla fine, portano la casa in vendita all'Asta) sta aumentando sempre più e i Tribunali si stanno organizzando sempre meglio nel gestire tali pratiche.

In confronto al passato ora si partecipa alle Aste in via telematica, comodamente seduti dal divano di casa propria. Gli immobili in vendita vengono fatti visitare da un Custode Giudiziario che si occupa, anche, di fornire le prime risposte alle domande dei potenziali acquirenti. In moltissimi casi non c'è neppure bisogno di fare un sopralluogo di persona perché molti siti di Aste Giudiziarie prevedono anche il c.d. "tour virtuale": una ripresa a 360 gradi degli ambienti che permette, a chi è interessato all'acquisto, di visionare il bene direttamente dal proprio computer o cellulare.

Sempre più agenzie immobiliari, avvocati e commercialisti si occupano di fornire assistenza a chi desidera acquistare un bene su quel tipo di mercato (c.d. mercato "vincolato").

Tutti segnali, questi, che indicano una maggiore offerta di case, uffici, terreni, ecc. e, di conseguenza, una grande domanda da parte dei potenziali acquirenti.

Stessa cosa accade per le Aste Giudiziarie Mobiliari; Aste in cui vengono venduti tutti quei beni che non sono abitazioni o uffici. Qui vengono ceduti coattivamente automobili, motociclette, cellulari, televisori, computer ecc.

Quando guardo questi siti, la prima cosa a cui penso è che ognuno di quei beni ha, alle spalle, una storia di problemi con un creditore (il più delle volte una Banca o una Finanziaria) che le parti in causa (debitore e creditore) non sono riuscite, in alcun modo, a risolvere.

Ogni Asta ha, alle spalle, persone che si sono indebitate e che non sono più riuscite a pagare quanto dovuto.

1.2 Perché l'italiano medio non riesce più a pagare i propri debiti?

Rispondere a questa domanda è molto complesso e, per farlo bene, bisognerebbe dedicare un intero libro a tale argomento. Ai fini di quello che tratteremo in questo testo, bisogna partire dal capire come mai le persone, oggi più che nei decenni scorsi, in primo luogo, contraggono dei debiti.

Sicuramente il motivo principale per cui una persona contrae un debito con la propria Banca è per comprare un'abitazione.

Avere una casa "di proprietà" è nel nostro DNA di italiani. Quasi nessuno vuole vivere in affitto perché, nell'immaginario collettivo, si considera il pagamento del canone mensile come "soldi buttati via". Molto meglio spendere di più ogni mese per pagare un mutuo (rispetto al costo di un affitto) ma avere una propria casa.

Poi ci sono le carte di credito. Questi piccoli pezzi di plastica ti permettono di comprare cose con grande facilità, senza vedere il denaro che stai sborsando. Quindi, vinto dall'estasi dello shopping, non ti rendi conto che stai spendendo quasi tutto il tuo stipendio (o anche di più).

Dove non si arriva con le carte di credito ci pensano i c.d. "finanziamenti facili".

Pensa a quando vai in un centro commerciale. Vuoi comprare un televisore, ne vedi uno bellissimo, ha tutto quello che potresti desiderare, anche cose di cui non hai assolutamente bisogno.

Vedi il prezzo; troppo alto per poterlo pagare subito ma, poi, il commesso ti dice che *"con soli 99 euro al mese (per un'infinità di mesi) puoi avere quella meraviglia"*.

Ok, lo compri. È tuo.

Poi ti rendi conto che la tua automobile è vecchia. Ne vedi una bellissima. Ti costerebbe solo 299 euro al mese.

Perché no? La compri.

Peccato che non ricordi di dover pagare, ogni mese, anche quei fantomatici 99 euro del televisore.

E così via.

Alla fine stai spendendo un sacco di soldi. Il tuo stipendio non basta più e iniziano i guai. Non puoi permetterti di perdere la macchina perché ti serve per andare al lavoro e, così, incominci a pagare in ritardo le rate del mutuo.

Da qui ha inizio un circolo vizioso che ti porta alla rovina finanziaria (segnalazione alla Centrale Rischi, spese legali, cause, casa all'Asta ecc.).

Oltre ai casi che abbiamo citato, ci sono anche quelli che dipendono da fattori esterni: un lutto, una separazione, la perdita del lavoro possono sicuramente mettere in crisi una famiglia perché, oltre alla propria stabilità emotiva, si perde anche la propria stabilità economica.

Sono solo storie? Purtroppo no.

Nel momento in cui sto scrivendo questo libro, presso il Tribunale di Ancona (Tribunale della zona in cui vivo) sono presenti circa 2.600 esecuzioni immobiliari. Diverse centinaia di queste sono già giunte alla fase dell'Asta Giudiziaria e molte altre vi stanno arrivando.

Sono solo numeri? Purtroppo no.

Stiamo parlando di centinaia di famiglie che si sono trovate indebitate per uno dei motivi di cui ti ho detto prima e che non sono riuscite in tempo a trovare una soluzione ai loro problemi.

RIEPILOGO DEL CAPITOLO 1:

- Ogni giorno i casi di insolvenza aumentano. Ne è la prova l'aumento delle Aste Giudiziarie Mobiliari e Immobiliari.

- Dietro ogni procedura esecutiva ci sono un debitore e un creditore che non sono riusciti a raggiungere un accordo ma, soprattutto, c'è una famiglia in difficoltà.

- I principali motivi per i quali ci si indebita e si finisce nei guai sono di ordine personale: per comprare casa, per un utilizzo "leggero" della carta di credito, per l'abuso dei c.d. "finanziamenti facili" e di ordine esterno: per un lutto, una separazione e per la perdita del lavoro.

SEZIONE PRIMA

LE PARTI IN CAUSA E I RELATIVI PROBLEMI

"Se conosci il nemico e te stesso, la tua vittoria è sicura. Se conosci te stesso ma non il nemico, le tue probabilità di vincere e perdere sono uguali. Se non conosci il nemico e nemmeno te stesso, soccomberai in ogni battaglia".

Sun Tzu, *L'arte della guerra*

L'Istituto di Credito

Capitolo 2:
Cos'è una Banca

2.1 Il modo in cui percepiamo le Banche è corretto?

Quando accendi la televisione, senti la radio o leggi un articolo sul giornale, si parla sempre di "Banca" in senso generale. Quasi fosse una persona che decide autonomamente le scelte da prendere.

Quando hai un problema, invece, la "Banca" diventa il direttore di filiale, la persona che ti continua a chiamare per sollecitarti il versamento delle rate del mutuo, il promotore finanziario che ti ha consigliato proprio quell'investimento che, poi, è andato male e così via.

Tendiamo a modificare il nostro approccio verso l'Istituto di Credito in funzione di quello che sta accadendo intorno a noi.

In termini tecnici la Banca è semplicemente un istituto giuridico regolato da tantissime norme e sottoposto al controllo di altri soggetti di diritto (per esempio la Banca d'Italia oppure la

B.C.E.).

Il suo scopo "naturale" dovrebbe essere, principalmente, quello di prestare denaro in cambio della restituzione dello stesso nel tempo, maggiorato di interessi sull'importo erogato.

Ogni Istituto di Credito NON può fare come vuole MA deve muoversi entro certi limiti fissati da altri (o, almeno, dovrebbe farlo).

Ogni decisione che esce dall'ordinario (come accettare un saldo e stralcio del proprio credito) è soggetta a un'apposita delibera di un particolare organo che supera, per importanza e poteri, la semplice filiale locale.

A parte questo brevissimo cenno iniziale, nelle pagine che seguiranno non ci concentreremo sull'aspetto legale e normativo che caratterizza questo tipo di organizzazione, non servirebbe a nulla per i fini di questo testo e farebbe diventare la lettura molto noiosa e troppo tecnica.

Con questo non voglio dire che la conoscenza della normativa bancaria e civilistica non sia importante quando si vuole trattare con il proprio Istituto di Credito, anzi, è FONDAMENTALE.

Se non conosci i tuoi diritti o i limiti di potere del soggetto che ti sta di fronte, come puoi fare a tutelarti dai soprusi e proteggerti dai potenziali danni che questi ti possono causare?

È chiaro che non tutti possono essere avvocati o commercialisti e che, di conseguenza, la maggior parte delle persone non conosce quasi per nulla la Legge e i suoi limiti. È altrettanto evidente, però, che se una persona è in difficoltà sarà suo interesse e onere cercare di comprendere quello che gli sta accadendo, studiando direttamente, e in prima persona, la sua situazione (soprattutto sotto l'aspetto legale) oppure chiedendo una consulenza a chi, invece, fa questo per lavoro.

Nelle pagine che seguono, quindi, entreremo subito nel merito dei problemi legati all'individuazione di un accordo con la Banca, partendo dalla parte di questa organizzazione che è più a contatto con noi e con le nostre storie: le PERSONE di cui l'Istituto di Credito è composto.

2.2 Le persone sono un ostacolo o un aiuto per il raggiungimento di un accordo?

Molto spesso ci si dimentica che un elemento fondamentale del negoziato è che non trattiamo MAI con rappresentanti astratti della "controparte" ma con esseri umani.

Ogni trattativa e ogni negoziazione avrà come controparte un individuo e, proprio per questo motivo, le modalità con cui trattare varieranno a seconda del soggetto che avremo di fronte.

Le persone che ci troviamo davanti durante la negoziazione hanno emozioni, valori e storie personali diverse dalle nostre. Molto probabilmente avranno punti di vista dei fatti accaduti che sono differenti dai nostri e che, per noi, potrebbero essere impossibili da prevedere o da capire.

Questo aspetto "umano" del negoziato è sia un aiuto sia un ostacolo al raggiungimento di un accordo. Può esserci di aiuto quando incontriamo, "dall'altra parte della barricata", una persona simile a noi (come esperienze di vita o modo di pensare) ma può essere anche "una spina nel fianco" quando, invece, ci troviamo a trattare con una persona che è completamente diversa da noi. Una persona con cui, naturalmente, andiamo subito in conflitto.

Per riuscire a raggiungere un accordo con la tua controparte dovrai "sintonizzarti" con quest'ultima e, se seguirai i miei consigli e metterai in pratica i concetti che stai leggendo su questo libro, con un po' di esercizio, riuscirai a farlo con successo.

2.3 Ognuno di noi conosce veramente la realtà oggettiva o ha consapevolezza solamente della propria versione della storia?

Ognuno di noi vede il mondo dal punto di vista del proprio vantaggio personale e, molto spesso, confonde la propria percezione di quello che gli sta accadendo intorno con la realtà oggettiva delle cose.

Sempre in termini generali, a tutti piace sentirsi in pace con se stessi. Non ci fa piacere se pensiamo di essere in difetto nei confronti degli altri. Per evitare questo tipo di sensazione, creiamo STORIE nella nostra mente. Storie che giustifichino i nostri comportamenti e che non sono necessariamente vere.

Adattiamo la realtà a queste storie e, molto spesso, aggraviamo la situazione in cui ci troviamo.

Ti faccio un paio di esempi:

Mettiamo il caso che tu abbia un mutuo con la Banca. Per un motivo o per l'altro non sei più in grado di pagarlo con regolarità.

La persona che si occupa della gestione del credito per la tua filiale (molto spesso, nelle piccole realtà locali, di questa cosa se ne occupa direttamente il vice-direttore) inizia a telefonarti per informarsi di quello che sta accadendo e per "invitarti" a pagare con regolarità il tuo debito.

Tu spieghi che farai il possibile per pagare ma che, purtroppo, ti trovi in un periodo in cui hai molte spese o che hai diminuito le tue entrate economiche mensili.

Gli chiedi di rinegoziare la rata del prestito.

Il vice-direttore ti dice di andare da lui in filiale per parlare della cosa.

Fino a qui i rapporti sono ancora abbastanza sereni.

Nel mentre, parli dei tuoi problemi con qualche amico. Ti viene detto che un conoscente ha risolto i propri problemi con la Banca contestando un vizio relativo ad usura e anatocismo.

Il tuo conoscente non ti sa specificare meglio la cosa. Si tiene sul generico.

Incuriosito, vai a parlare con uno dei tanti "consulenti del debito bancario" che sono nati negli ultimi anni. Quest'ultimo ti "alletta" con l'opportunità di una pre-perizia gratuita con cui valutare se la banca "ti ha fregato".

Tu accetti.

Nella pre-perizia si dice che **"potrebbero"** esserci dei problemi nel mutuo ma che, per averne certezza, devi fare una perizia vera e propria dal costo di qualche migliaio di euro.

Per il momento decidi di non fare nulla ma hai ancora in mano la tua pre-perizia.

A questo punto ripensi a quello che si sente ogni giorno in televisione o alla radio: *"le Banche truffano i poveri cittadini"*; *"la Banca X è stata commissariata"* ecc.

Nella tua mente anche tu sei stato raggirato. Alla fine ne hai le prove. Hai in mano la pre-perizia che dice che ci **"potrebbero"** essere delle irregolarità sul tuo mutuo.

Arrivi all'appuntamento con il vice-direttore per parlare della rinegoziazione della tua rata mensile. Dentro di te sei arrabbiato perché sei certo che ti stanno fregando e sei pronto a contestargli tutto quello che hai scoperto.

Appena lui inizia a parlare tu lo interrompi e gli dici che ti stanno truffando. Gli parli della pre-perizia e di quello che ti hanno detto i consulenti con cui hai parlato.

Il tuo interlocutore si chiude sulla difensiva. Si sente offeso perché lui ha fissato un appuntamento con te per poterti aiutare e tu lo stai accusando di aver fatto qualche cosa di irregolare.

Lui non decide il contenuto dei contratti che firmi. Non decide gli importi delle rate che stai pagando o la somma che tu hai richiesto per il mutuo. Lui si trova lì solo per svolgere il suo lavoro e, come al solito, diventa il capro espiatorio delle contestazioni dell'ennesimo cliente insoddisfatto.

Alla fine dell'incontro, tu ti sei sfogato perché gli hai "sbattuto in faccia" le tue accuse ma lui NON è più disposto a fare un passo verso di te. Non vede più il motivo per doverti aiutare. Lo hai offeso e accusato di cose che lui reputa non vere.

Se, prima, avevi la speranza di risolvere velocemente e in modo pacifico il problema delle rate mensili, ora la cosa diventa più difficile. Il tutto indipendentemente dal fatto che ci fossero veramente problemi di usura e anatocismo.

Faccio una precisazione: non voglio dire che non si debba contestare un abuso o un problema. Il punto è che **bisogna evitare di confondere il problema con la persona che si ha di fronte.** Bisogna evitare nel modo più assoluto di aggredire o offendere il proprio interlocutore. Si corre il rischio di perdere un possibile alleato.

SEGRETO n. 2

Bisogna evitare di confondere la persona con il problema.

Quando vuoi negoziare qualche cosa, ricordati che, dall'altra parte, stai parlando con una persona che ha emozioni, valori e storie personali diverse dalle tue.

Stai molto attendo a non offenderla o a farle pensare di essere in difetto nei tuoi confronti. Il tuo obiettivo è solamente quello di risolvere un problema, non di peggiorarlo.

Vediamo, ora, il caso opposto.

Le premesse sono sempre le stesse: tu hai un mutuo con la Banca e non riesci più a onorarlo con regolarità. Il vice-direttore ti chiama per sapere che cosa sta succedendo e tu gli spieghi di essere temporaneamente in difficoltà.

Prima ancora che tu riesca a chiedergli di rinegoziare l'importo mensile che stai pagando, senti che il tuo interlocutore si è irrigidito. Incomincia a essere sarcastico e a "minacciarti velatamente" che, se non tornerai a rimborsare con regolarità il tuo debito, "la Banca" procederà con l'esecuzione forzata e metterà la casa all'Asta. Tutto a un tratto è stranamente diventato più aggressivo e non ne capisci la ragione.

Ti allarmi. Tu vuoi pagare il tuo debito ma, per il momento, non ci riesci. Non è colpa tua.
Vai da un avvocato e gli spieghi il tuo problema. Lui incomincia a intrattenere una corrispondenza con la Banca.

Il tuo interlocutore è sempre più chiuso sulla difensiva.

Alla fine vai in causa con l'Istituto di Credito e, nel mentre, la Banca ti notifica un pignoramento.

Tu e il tuo avvocato vi opponete all'esecuzione forzata e iniziano ad intrecciarsi cause legali e preoccupazioni che ti tolgono il sonno.

Ma, a conti fatti, che cosa è successo veramente?

Facciamo un salto nel passato, al momento della tua telefonata con il vice-direttore.

Quello che non sai è che lui, quasi ogni giorno, si trova di fronte a persone che non riescono più a pagare il proprio debito. Spesso ha provato ad aiutarle ma, quasi sempre, ha visto che i soggetti a cui cercava di risolvere i problemi lo "ringraziavano" facendo causa alla Banca o disattendendo le promesse fatte.

Ogni giorno si trova a dover rendere conto ai suoi superiori che lo spingono a rientrare dei crediti che non sono regolarmente pagati dai clienti della Banca. Questa cosa non è sua responsabilità diretta ma lui è il vice-direttore della piccola filiale in cui lavora ed è responsabile delle persone che operano "sotto di lui".

Subisce pressioni di ogni tipo ma, allo stesso tempo, si sente preso in giro dai clienti della filiale. Si sente intrappolato "tra l'incudine e il martello".

Lui non ce l'aveva con te, ma non è stato in grado di analizzare in maniera lucida il tuo caso. Si è lasciato ingannare dalla sua esperienza e ha peggiorato la situazione.

SEGRETO n. 3

Non agire mai d'impulso. Cerca sempre di individuare il vero problema alla base del comportamento dell'altra persona con cui stai negoziando. Cerca di "metterti nei suoi panni" e di vedere le cose dal suo punto di vista.

Anche se la cosa non è corretta, per semplicità espositiva, nelle pagine a seguire mi capiterà di usare impropriamente il termine "Banca" per riferirmi alle persone con cui ti troverai a trattare.

RIEPILOGO DEL CAPITOLO 2:

- Se vogliamo iniziare a trattare con la Banca è importante conoscere le "regole del gioco" e, cioè, la normativa bancaria e civilistica che regola l'attività dell'Istituto di Credito.

- La Banca è composta di PERSONE. Ogni negoziazione o trattativa avrà come controparte un individuo.

- Come noi, anche le persone con cui stiamo trattando hanno emozioni, valori e storie personali. Questo aspetto "umano" del negoziato è sia un aiuto che un ostacolo al raggiungimento di un accordo.

- Ognuno di noi vede il mondo dal punto di vista del proprio vantaggio personale e, spesso, confonde la propria percezione di quello che ci sta accadendo intorno con la realtà delle cose.

- A nessuno piace sentirsi in difetto nei confronti di qualcun altro.

- Creiamo "storie" che giustifichino il nostro comportamento e adattiamo la realtà a queste storie.

Capitolo 3:

Il punto di vista delle banche: è sempre corretto?

3.1 Gli altri *vedono* il nostro problema o, per gli altri, *siamo noi* il problema?

Nel capitolo precedente abbiamo parlato di persone. In questo capitolo parleremo di COME queste persone vedono il tuo problema.

Un errore che facciamo molto spesso è quello di dare per scontato che, se versiamo in una situazione di difficoltà oggettiva, la persona che abbiamo di fronte a noi si mostrerà empatica verso la nostra sofferenza e ci porgerà una mano per aiutarci a superarla. Può capitare, ma non è sempre detto che sia così.

In generale quando abbiamo un problema con la Banca (per esempio non siamo più in grado di rimborsare regolarmente il mutuo) ci troviamo a trattare con una persona che, come lavoro principale, si occupa proprio di sollecitare i clienti dell'Istituto di

Credito a restituire il loro debito. Persone che, come te, non riescono a pagare le rate del prestito che hanno contratto.

Ogni giorno questo individuo parla con decine di persone che hanno dei problemi. Ogni giorno viene "appesantito dei fardelli" di altri esseri umani. Ogni giorno si sente eccepire sempre le stesse cose. Ogni giorno si sente fare sempre le stesse promesse che, poi, non vengono mantenute. Ogni giorno viene preso "a male parole" da persone arrabbiate e spaventate.

Ogni giorno della settimana, per anni.

Risulta naturale che questa persona possa aver sviluppato un "muro emotivo" che la difende dai problemi degli altri. **Questo muro**, però, **crea un ostacolo al dialogo**.

Un altro ostacolo al dialogo si presenta, anche, per quello che chiamo "l'ascolto frettoloso".

L'individuo che hai di fronte è talmente abituato a sentire le persone lamentarsi delle proprie difficoltà che, di fatto, non le ascolta più.

Nel tempo ha sviluppato una casistica molto estesa di problemi e possibili soluzioni e, in conseguenza di ciò, non ti lascia neanche il tempo di finire di parlare che già ti propone una possibile soluzione.

Nella sua mente viene consigliata una soluzione standard per un problema standard.

Il punto è, però, che sebbene possano sembrare molto simili tra loro, nessun problema è uguale a un altro e, di conseguenza, quella soluzione proposta potrebbe non andar bene per il caso che si sta analizzando.

Fin qui abbiamo parlato dei problemi soggettivi che rendono più difficile il dialogo con la propria controparte "Banca". Ora vediamo quelli oggettivi.

3.2 Qual è il principale ostacolo "oggettivo" alla negoziazione?

Il più importante degli ostacoli oggettivi alla negoziazione con la Banca e i suoi dipendenti è la PERCEZIONE che questi ultimi hanno della tua situazione.

Mi spiego meglio.

Come vedremo più avanti in questo libro quando, nel capitolo 7, parleremo delle motivazioni che spingono l'Istituto di Credito a trattare con il proprio debitore, un elemento molto importante è quello delle ALTERNATIVE che la Banca ha per tutelare i propri interessi.

Se, per esempio, non stai pagando un mutuo ma la Banca è sicura al 100% che riuscirà a recuperare tutti i soldi che ti ha prestato vendendo all'Asta la tua casa, NON sarà molto facile trattare. Se, al contrario, l'Istituto di Credito è certo di non poter recuperare nulla, allora sarà disposto ad accettare anche poco.

Tutto questo, però, dipende dal **PUNTO DI VISTA della Banca in relazione alle sue garanzie di rientro e alla tua situazione economica.**

Ed è proprio qui il vero problema.

Di solito la persona che ti trovi davanti NON conosce veramente la tua situazione. Molto spesso le uniche informazioni che ha di te sono quelle inserite all'interno del sistema gestionale della Banca quando sei diventato suo cliente.

Per esempio, in caso di mutuo, in quel database potrà reperire l'ammontare del tuo debito, le eventuali rate non pagate, la presenza di fideiussori o di garanzie ipotecarie sul prestito ecc.

In quest'ultimo caso, all'interno del sistema sarà presente la perizia di stima dell'immobile posto in garanzia (di solito l'abitazione che si è comprata con i soldi della Banca). E, oltre alla presenza di fideiussori e alla tua situazione economica generale (di cui parleremo più avanti), è proprio la PERIZIA DI STIMA dell'immobile in garanzia che la Banca guarda per cercare di capire quali siano le sue alternative quando si presenta un caso di inadempimento contrattuale da parte tua.

Tale perizia può essere un grande problema in sede di trattativa, per esempio, quando vuoi proporre un saldo e stralcio del tuo debito.

3.3 Perché la perizia di stima può essere un ostacolo alla trattativa?

La perizia di stima dell'immobile può essere un problema per la negoziazione perché potrebbe indurre la Banca a **sopravvalutare** le sue possibilità di recuperare le somme che ti ha prestato quando farà le sue considerazioni in merito alla tua posizione debitoria. Nel 95% dei casi, infatti, questo documento potrebbe presentare, almeno, uno dei tre problemi elencati qui di seguito.

La perizia di stima:

1) potrebbe essere "datata", nel senso che è stata redatta molti anni prima, quando il valore dell'abitazione era completamente differente rispetto alla situazione attuale (un caso tipico si ha per le perizie redatte nei primi anni del 2000, quando i prezzi degli immobili "erano alle stelle" rispetto a oggi);

2) potrebbe essere stata fatta in maniera molto "superficiale" e, cioè, non tenendo conto del valore reale del bene ma solamente dei valori O.M.I. (la sigla O.M.I. sta per **Osservatorio del Mercato Immobiliare**: è una banca dati creata dall'Agenzia delle Entrate che consente di consultare dati sulle quotazioni dei valori immobiliari e delle locazioni sull'intero territorio nazionale).

I valori di vendita riportati in questo database corrispondono alle medie a metro quadro per aree geografiche. Il fatto è che un immobile che è situato vicino a un altro potrebbe avere un valore completamente differente da quest'ultimo perché, magari, è più nuovo oppure è stato appena ristrutturato o, in alternativa, versa in uno stato di completo abbandono o incuria. Negli anni, poi, una casa originariamente regolare dal punto di vista urbanistico potrebbe essere stata modificata dal suo proprietario e non esserlo più. In questo caso l'abitazione può subire una forte svalutazione economica in quanto, anche se venduta all'asta, dovrà essere poi sanata dal suo acquirente per poter essere in regola con la Legge. Questi abusi edilizi, però, NON sono indicati nella perizia che possiede la Banca perché non erano presenti al momento in cui è stata redatta e, cioè, quando è stato erogato il prestito;

3) in ultimo, sempre più spesso accade che il tecnico che, in passato, aveva stilato la perizia abbia "adattato" quest'ultima alle necessità della Banca o del potenziale cliente. Negli anni antecedenti alla crisi immobiliare, per esempio, era frequente che si "gonfiassero" le perizie di stima degli immobili per permettere alla Banca di erogare un prestito maggiore. Tale prestito, poi, veniva usato anche per pagare le spese (di intermediazione, del notaio ecc.), acquistare parte del mobilio oppure per ristrutturare il bene stesso.

Questo fatto, però, ha contribuito alla creazione di perizie di stima completamente "sballate" e non più in grado di assolvere il loro compito originario.

Questa prassi, addirittura, ha portato ad aggravare l'attuale crisi economica in quanto moltissimi Istituti di Credito non sono più riusciti a recuperare quanto avevano prestato ai propri clienti e, quindi, hanno subito un danno economico enorme.

Ora, per rispondere alla domanda fatta qualche pagina addietro, la perizia di stima può essere un grande problema alla negoziazione quando:

- **rappresenta una situazione che non è più attuale;**
- **mostra all'Istituto di Credito di avere come garanzia del proprio prestito un bene sovrastimato rispetto alla realtà delle cose** (a causa dell'età della relazione, di errori di valutazione sul valore del bene oppure per aver "adattato" tali valutazioni).

In entrambi questi casi ci troveremo ad avere molti più problemi a far accettare al nostro interlocutore un accordo che, per i valori dati in perizia, non è per lui giustificabile rispetto ai suoi superiori.

Faccio un esempio per spiegarti meglio:

Tempo fa un cliente che stavamo aiutando era in difficoltà con la Banca a causa di un mutuo che non riusciva più a rimborsare. Aveva preso questo prestito assieme ad un'altra persona per fare un investimento ma, poi, i due "soci" avevano litigato e avevano interrotto i loro rapporti. Avendo smesso di parlarsi, il progetto di investimento aveva subito un brusco arresto e, con il passare del tempo, quello che originariamente poteva essere un buon affare era diventata un'operazione molto deludente.

Rimaneva un prestito di 100.000 euro non rimborsati e due immobili a garanzia: un appartamento, originariamente stimato 130.000 euro, e un fabbricato agricolo valutato 60.000 euro. La perizia era datata "**2005**".
I due debitori, entrambi professionisti, avevano sempre cercato di rimborsare la Banca ma, poi, alla fine, non ce la fecero più.
Uno di loro venne da noi per parlare della situazione e, come prima cosa, facemmo valutare gli immobili a garanzia della Banca da tecnici esperti.

Venne fuori che l'appartamento, dell'originario valore di 130.000 euro, alla data attuale poteva valere, al massimo, 45.000 euro mentre il fabbricato agricolo stimato, nel 2005, 60.000 euro aveva subito forti danni a causa dell'incuria. Il tetto e alcuni solai erano crollati a causa del terremoto che aveva colpito quella zona qualche anno prima. Il valore massimo che potemmo attribuirgli fu di 10.000 euro.

Per chiudere la questione a saldo e stralcio, attraverso la rete di professionisti e agenti immobiliari con cui mi trovo a lavorare, reperimmo una persona disposta ad offrire 50.000 euro per entrambi gli immobili.

Andando a parlare con il vice-direttore della Banca cha aveva erogato il mutuo, inizialmente trovai molta resistenza ad accettare questa somma come pagamento del loro originario credito di 100.000 euro.

Praticamente gli offrivo metà di quello che avevano diritto ad incassare come Banca. In più, "riesumando" le perizie di stima che erano state fatte nel 2005, vide che le valutazioni dei due beni erano molto diverse da quelle che gli proponevo io.

Per lui quei due immobili valevano complessivamente **190.000 euro** mentre la "mia" valutazione era di soli **55.000 euro**.
Una bella differenza.

Alla fine, dopo aver negoziato molto, avergli spiegato che il forte degrado dei due immobili derivava dall'incuria dei due proprietari e dal terremoto che aveva semidistrutto il fabbricato rurale, dopo avergli fatto vedere delle fotografie "aggiornate" che dimostravano che lo stato dei luoghi era differente da quello indicato in perizia, riuscii a fargli capire che non poteva basarsi su quella "vecchia" valutazione dei due beni e, di conseguenza, lo convinsi a far stimare nuovamente entrambi gli immobili.

Alla fine, anche se le "sue" valutazioni continuavano a differire dalle "nostre", gli importi si erano enormemente "avvicinati" e mi fu possibile chiudere un accordo a 50.000 euro come gli avevo proposto.

SEGRETO n. 4

Se vuoi trovare un accordo con la tua controparte **devi "ristrutturare" il suo punto di vista in merito alla tua**

situazione. Se il problema è la perizia di stima devi "smontarla" pezzo per pezzo per fargli capire che non è più affidabile. Se il problema è la presenza di fideiussori, devi fargli capire che potrebbe essere difficile ottenere da loro quello che non riescono ad ottenere da te, ecc.

3.4 Perché bisogna sempre essere proattivi nel proporre soluzioni al problema?

In ultimo, un aspetto problematico del rapporto con la persona che sta negoziando con te, dal lato della Banca, è relativo al fatto che lui ti proporrà, sempre e solo, soluzioni che pensa possano essere accettate dai suoi superiori e che vengono incontro agli interessi dell'Istituto di Credito.

La tua controparte nella trattativa NON ti proporrà MAI tutte le soluzioni esistenti al problema.

Anche se questo argomento potrebbe sembrare estraneo al tema di questo capitolo, non è così. Il fatto che il dipendente della Banca o il legale che sta trattando con te siano legati all'Istituto di Credito e debbano sempre sforzarsi di fare i suoi interessi, inevitabilmente, li porta a NON prendere in considerazione altri punti di vista e altre soluzioni, rispetto a quelle che, ritengono, verranno considerate accettabili dai loro superiori (come vedremo nei capitoli successivi).

Questo fatto limita enormemente la trattativa perché la rende "statica". Sta a te porre soluzioni alternative che vengano incontro ai *tuoi* bisogni.

A questo punto è obbligatoria una precisazione: è evidente che se, per esempio, parliamo di un mutuo non pagato, le soluzioni esistenti potrebbero essere solamente di tre tipologie:

1. pagarlo nella totalità;

2. continuare a non pagarlo;

3. trattare un saldo e stralcio del debito, agire con una procedura per sovraindebitamento (se ammissibile al caso in questione) o, se applicabile, mediante l'utilizzo della c.d. "Legge Blocca Aste" (di cui parlerò nel capitolo 4).

Anche se vogliamo essere "creativi" queste sono le uniche soluzioni che possiamo adottare. Ogni punto di questi tre, però, può prevedere infinite conseguenze e sfaccettature, infiniti adattamenti e possibilità di trattative. **È proprio qui che dobbiamo proporre alternative alla nostra controparte**.

Rimanendo al caso di prima, se non siamo in grado di pagare regolarmente il mutuo perché l'importo della rata mensile è troppo alto per le nostre possibilità economiche attuali, potremmo cercare di far trasformare il tasso variabile con cui abbiamo stipulato il mutuo in uno fisso più favorevole alle nostre esigenze oppure potremmo cercare di rinegoziare la durata del prestito (allungando le tempistiche di rientro, l'importo della singola rata diminuisce) o, addirittura, saldare l'intero debito vendendo altri beni o facendoci prestare il denaro necessario.

Le opzioni che abbiamo a disposizione sono tantissime, però sta a noi proporle a chi abbiamo di fronte.

Ricordati sempre, poi, che la persona con cui stai trattando NON ti proporrà MAI la seconda e la terza soluzione che abbiamo appena visto nelle pagine precedenti (continuare a non pagare il tuo debito o saldarlo in parte, stralciandolo). Entrambe andrebbero contro gli interessi della Banca e, quindi, non ti verranno MAI suggerite.

3.5 Perché è fondamentale verificare la fattibilità delle proprie alternative prima di proporle?

Sempre restando in tema di soluzioni alternative ricordati sempre che la Banca è soggetta a norme (interne ed esterne) molto precise e stringenti. Prima di proporre al tuo interlocutore una possibile soluzione devi assolutamente capire se tale opzione può essere intrapresa dall'Istituto di Credito oppure se esistono degli impedimenti nel portarla avanti.

Riprendiamo ancora una volta l'esempio del mutuo non restituito. Diciamo che sei indietro di una decina di rate e che la Banca ti ha notificato a mezzo Raccomandata A/R la c.d. comunicazione di "decadenza dal beneficio del termine" con la quale ti intimano di restituire immediatamente le somme che devi ancora all'Istituto di Credito, avvertendoti, anche, che il contratto di mutuo deve considerarsi risolto.

Ora… con quel foglio in mano vai dal tuo interlocutore della Banca e gli proponi di rinegoziare l'importo mensile delle rate del mutuo.

Purtroppo la sua risposta è negativa. Non si può fare perché, ormai, l'Istituto di Credito ha notificato la dichiarazione di cui sopra. Il contratto di mutuo è stato "risolto". Non esiste più.

Ok. Non posso rinegoziare le rate del mutuo. Allora propongo alla mia Banca di erogarmi un altro mutuo con cui pago il precedente. Anche questa via NON è percorribile. Ormai sei segnalato alla centrale Rischi e alla C.R.I.F. come cattivo pagatore (la segnalazione è partita in automatico quando la tua posizione è passata a c.d. "sofferenza").
La Banca NON può più erogarti un finanziamento, non potrebbe neanche se lo volesse.

Dobbiamo essere sempre certi che le nostre proposte siano attuabili dalla Banca quando le presentiamo. In caso contrario potremmo rischiare di:
- essere presi per degli sprovveduti e, di conseguenza, vedere diminuita la nostra credibilità in merito alla trattativa;
- perdere del tempo prezioso dietro a delle proposte che NON verranno mai accettate dalla nostra controparte;
- perdere di vista la nostra B.A.T.N.A. personale (vedi il capitolo 6 e 8 per approfondire questo argomento) in quanto "bloccati" in una negoziazione senza uscita.

SEGRETO n. 5

Nella trattativa devi essere proattivo e proporre soluzioni alternative a quelle che ti vengono suggerite dalla Banca. Soluzioni che vengano incontro alle tue esigenze e che siano percorribili dall'Istituto di Credito.

RIEPILOGO DEL CAPITOLO 3:

- In relazione al tuo problema, tu e la Banca avrete punti di vista completamente contrapposti.

- OSTACOLI SOGGETTIVI alla trattativa: la presenza di "muri emotivi" e di un "ascolto frettoloso" nel nostro interlocutore possono pregiudicare la negoziazione.

- OSTACOLI OGGETTIVI alla trattativa: una cattiva percezione della situazione e delle alternative che ha la Banca di tutelare i propri interessi possono impedire un accordo.

- Le PERIZIE DI STIMA potrebbero essere un problema alla negoziazione perché in grado di:
  - rappresentare una situazione che NON è più attuale;
  - mostrare all'Istituto di Credito di avere come garanzia del proprio prestito un bene SOVRASTIMATO rispetto alla realtà delle cose (a causa dell'età della relazione, di errori di valutazione sul valore del bene oppure per aver "adattato" tali valutazioni).

- Ristruttura il punto di vista del tuo interlocutore.

- Devi fornire soluzioni che vengano incontro alle tue esigenze e che siano percorribili dall'Istituto di Credito.

Il Cliente della Banca

Capitolo 4:

I 4+1 problemi del cliente dell'Istituto di Credito

4.1 Quali sono i problemi che portano al fallimento della trattativa?

Qualcuno potrebbe dire che l'unico problema del cliente della Banca sia la Banca stessa ma, purtroppo, non è così.

Quando ho a che fare con una persona che è in una situazione di conflittualità con il proprio Istituto di Credito, nel 98% dei casi, riscontro almeno due dei seguenti quattro problemi:

1) una forte emotività in relazione a quello che gli sta accadendo;

2) una mancanza quasi totale di consapevolezza in merito alla propria situazione debitoria;

3) una scarsissima conoscenza delle procedure legali che potrebbe utilizzare la Banca e la presenza di falsi miti in merito a quello che sta accadendo;

4) una limitatissima capacità di Problem Solving.

Ognuno di questi punti ha la possibilità di far fallire una trattativa.

Analizziamoli uno alla volta:

4.2 Emotività

L'emotività del cliente/debitore della Banca è la più frequente e dannosa delle problematiche di cui ti parlavo poco fa. L'emotività spinge la persona a FUGGIRE DAL PROBLEMA o ad AGIRE D'IMPULSO, molto spesso in maniera aggressiva.

L'azione provoca una reazione, la reazione provoca una controreazione, e così via, in una discussione senza fine che ti porterà sempre più lontano da una soluzione per te accettabile.

Le persone tendono ad agire d'impulso quando si confrontano con una situazione difficile. Reagiscono a quest'ultima senza pensare alle conseguenze.

Quando reagiamo d'impulso, quindi, perdiamo di vista i nostri interessi principali e diminuiamo la nostra capacità di ragionare in maniera logica e lineare. Proprio per questo motivo, in fase di negoziazione, esiste la possibilità che la nostra controparte si impegni attivamente nel farci reagire alle sue provocazioni, per riuscire ad ottenere condizioni migliori per l'Istituto di Credito.

Quando reagiamo d'impulso siamo come pesci che abboccano all'amo del pescatore: veniamo "catturati" dalla nostra controparte Banca e subiamo passivamente la sua volontà.

SEGRETO n. 6

Reagendo alle provocazioni diventi parte del problema.

Quando ti trovi a negoziare in una situazione difficile l'unica soluzione è quella di recuperare la tua presenza di spirito e di guardare la situazione in maniera oggettiva e distaccata. Questo ti porterà a mantenere la tua lucidità mentale oltre a riconoscere ed evitare i vari "ami" che la tua controparte ti sta ponendo di fronte per "farti abboccare" alle sue soluzioni.

4.3 Ignorare la propria situazione debitoria

Accade molto di frequente che il cliente/debitore della Banca NON abbia la benché minima idea della sua attuale situazione debitoria nei confronti dell'Istituto di Credito. In conseguenza di ciò, cercherà di trovare un accordo SENZA avere in mano alcuna informazione, così fallendo miseramente.

In caso di mutuo, per esempio, si verifica spesso che la persona che viene da noi non abbia neppure l'atto notarile con il quale gli è stato erogato il prestito. Tanto meno avrà con sé il piano di rientro del debito oppure il calcolo dell'importo esatto che, ancora, deve restituire all'Istituto di Credito.

Il problema si intensifica a mano a mano che la situazione con la Banca creditrice peggiora.

Mi capita di frequente che ci siano dei clienti che non hanno nemmeno la più pallida idea di che cosa stia accadendo intorno a loro.

Per paura, esasperazione, rassegnazione o per i "cattivi consigli" di qualcuno, hanno smesso di rispondere alle chiamate telefoniche degli impiegati della Banca o dei suoi legali e non ritirano più le raccomandate o le "buste verdi" (le notifiche) dei Tribunali.

Tutto ciò è un GRAVE ERRORE per questi tre motivi:

1) **Non si può intavolare una trattativa per risolvere il problema con la Banca se non si è in possesso di TUTTE le informazioni che potrebbero esserci utili per organizzare un'apposita strategia operativa.**

Per fare un'altra metafora sulla pesca, sarebbe come voler

andare a pescare con la propria canna ma senza portare con sé gli ami e le esche. Possiamo buttare tutto il filo che vogliamo in acqua ma sprecheremo solamente il nostro tempo.

Non abboccherà nulla.

2) **Non ritirare la posta NON BLOCCA in alcun modo il creditore.**

Partiamo dalle raccomandate non ritirate.

Se il destinatario si rifiuta di ricevere la raccomandata o è assente, il plico viene depositato presso l'ufficio postale del luogo di residenza per il periodo di un mese. Lì resta "in giacenza".

Durante tale periodo il destinatario può, comunque, decidere di andare a ritirare il plico; se *non* lo fa, si forma la cosiddetta "compiuta giacenza" e la lettera viene restituita al mittente. Tuttavia, gli effetti per il mittente (creditore/Banca) sono gli stessi di quelli che si sarebbero prodotti se la lettera fosse stata ritirata dal destinatario. Infatti, la raccomandata A/R spedita da chiunque, sia esso un privato, un legale, una Banca oppure l'Agenzia delle Entrate-Riscossione (ex *Equitalia*) e non ritirata per qualsivoglia motivo (a meno che le Poste indichino: "sconosciuto all'indirizzo") **si considera**, comunque, **ricevuta**

dal destinatario per ogni effetto di Legge.

Stessa cosa accade per le c.d. "buste verdi" del Tribunale. La normativa italiana (art. 140 c.p.c.) prevede che se non risulta possibile effettuare la consegna del plico inviato dal Tribunale perché il destinatario (debitore) è assente o lo rifiuta, allora l'Ufficiale Giudiziario provvede a depositarne copia presso il Comune di Residenza del destinatario, dopodiché affigge un apposito avviso (in busta chiusa e sigillata) sulla porta della casa del debitore e gliene dà notizia mediante lettera raccomandata.

Come sopra, anche in questo caso, decorso un periodo di tempo previsto dalla Legge, **l'atto contenuto nella "busta verde" si considera come notificato**, con tutte le conseguenze del caso.

In altre parole:

3) **Non sapendo che cosa sta accadendo intorno a lui, il debitore NON PUÒ FARE NULLA per tutelarsi.**

Questo è il motivo più importante di tutti che dovrebbe spingere il debitore a ritirare SEMPRE tutte le comunicazioni a lui rivolte dai suoi creditori.

Per poter agire contro il proprio debitore, il creditore/Banca è obbligato dalla Legge a comportarsi in un determinato modo:

ad esempio, inviando al recapito del soggetto moroso (tramite raccomandata A/R) le c.d. lettere di diffida, contestuale messa in mora e decadenza dal beneficio del termine e poi, se dovesse decidere di agire per il recupero giudiziale dei propri crediti, notificando (sempre all'indirizzo del debitore) gli appositi atti processuali contenuti all'interno delle c.d. "buste verdi" del Tribunale.

Se il debitore decide di ritirare tutte le predette comunicazioni, ha la possibilità di VERIFICARE quanto richiesto dal proprio creditore/Banca e, magari, può decidere di contestare le pretese di quest'ultima.

Se, però, **il debitore sceglie di NON ritirare tale documentazione e la Banca, intanto, procede all'esecuzione forzata dell'immobile, avrà perso la possibilità di contestare tali vizi** (ove presenti) e, se proverà a farlo in seguito, il Giudice potrebbe ritenere tale contestazione NON VALIDA perché tardiva, in quanto, come detto sopra, i documenti non ritirati verranno considerati come ricevuti dal debitore e, di conseguenza, come accettati da quest'ultimo.

SEGRETO n. 7

Devi SEMPRE essere aggiornato sulla tua situazione debitoria nei confronti della Banca. Devi SEMPRE conservare, aggiornare e organizzare tutta la documentazione bancaria che hai il diritto di avere.

4.4 Scarsa conoscenza delle procedure

Di solito il cliente/debitore della Banca possiede una conoscenza molto superficiale e distorta delle procedure legali di cui l'Istituto di Credito può usufruire per tutelare i propri interessi. Oltre a questo, il debitore, nella quasi totalità dei casi, non ha la capacità di "osservare nel futuro" le conseguenze indirette di quelle azioni legali.

A tutto ciò, poi, si somma anche la presenza dei c.d. "falsi miti" che sviano il cliente/debitore dalla creazione di una strategia adeguata alla risoluzione dei propri problemi con la Banca.

Ma andiamo per ordine.

Avere una conoscenza "lucida ed informata" DI TUTTE quelle che sono le procedure giudiziali e stragiudiziali che la Banca può utilizzare per tutelare i propri interessi permette al cliente/debitore dell'Istituto di Credito di valutare con razionalità quelle che sono le sue alternative.

Riprendendo l'esempio del mutuo non pagato, il debitore inadempiente deve sapere che, fino a quando è indietro nel pagamento di due o tre rate del mutuo, di fatto non succederà nulla di gravissimo. Dall'Istituto di Credito qualcuno incomincerà a telefonargli per chiedere informazioni, ma nulla più.
In questo caso, l'unica conseguenza poco piacevole che il debitore potrebbe avere sarà quella di essere segnalato alla Centrale Rischi della Banca d'Italia e alla C.R.I.F. (Centrale Rischi d'Intermediazione Finanziaria) come "cattivo pagatore" e, come risultato di ciò, avrà molte più difficoltà di prima a farsi concedere un prestito da altre Banche o Finanziarie.

I problemi gravi iniziano quando si resta indietro nel pagamento di molte rate, come ad esempio se il debitore non riuscisse a pagare sette o otto rate del mutuo consecutive e, a seguito delle verifiche interne della Banca, risultasse che la sua impossibilità di rientrare del proprio debito (stato di insolvenza) è "definitiva". In questo caso l'Istituto di Credito non avrebbe più molte alternative se non quella di passare la sua posizione "a sofferenza".

Di qui le opzioni della Banca per rientrare del proprio finanziamento saranno solamente tre:

1) **Cedere il proprio credito a soggetti terzi** in cambio di denaro (poi sarà chi ha comprato il credito a procedere per l'incasso delle somme dal debitore): la c.d. "cartolarizzazione del credito";

2) **Procedere con il pignoramento dell'immobile posto a garanzia** del prestito e alla successiva vendita all'Asta dello stesso;

3) **Negoziare un saldo e stralcio del debito.**

Come abbiamo già avuto modo di vedere, ognuno di questi punti ha molte conseguenze e, a loro volta, ognuna di queste ne ha altrettante, sia per quanto riguarda la Banca, sia per quel che concerne la vita del debitore.

In ogni caso, la Banca (come ogni altro creditore) può sempre decidere di adottare una scelta e, poi, nel tempo, cambiare idea e adottarne un'altra.

Se, per esempio, la Banca scegliesse di procedere con la vendita dell'immobile in Asta, allora inizierà con il notificare al debitore le prime comunicazioni di messa in mora, di revoca degli affidamenti e di decadenza dal beneficio del termine. Poi procederà alla notifica dell'atto di precetto al debitore, pignorerà l'abitazione e avvierà la procedura esecutiva.

Tra una fase e l'altra possono trascorrere parecchi mesi, e avere consapevolezza di tale "iter legale" può permettere al debitore di programmare, a sua volta, un'azione giudiziale per tutelare i propri diritti e cercare di interrompere l'azione esecutiva in corso (se sono presenti vizi o abusi da parte della Banca), sempre che, come ho detto sopra, il debitore abbia in mano tutta la documentazione bancaria di riferimento.

Se, tuttavia, non sono presenti vizi o abusi da parte della Banca e non fosse possibile procedere giudizialmente per impedire al creditore di aggredire la propria abitazione, il debitore esecutato dovrà sapere che potrà sempre provare a fare delle offerte transattive per chiudere "a saldo e stralcio" il proprio debito con l'Istituto di Credito.

A questo punto mi immagino che starai pensando:

- *"Ok... però come può fare il debitore ad offrire alla Banca una somma di denaro per chiudere definitivamente la sua posizione debitoria se non aveva neanche il denaro sufficiente per pagare le rate del mutuo e non può prendere altri finanziamenti in quanto è stato segnalato alla Centrale Rischi della Banca d'Italia e alla C.R.I.F.?"*

Un'altra cosa che il debitore deve sapere è che, sebbene l'atto di pignoramento gli impedisca di vendere la propria casa, di fatto, lui è SEMPRE proprietario dell'immobile (quest'ultimo NON è *"della Banca"*, come molti debitori affermano).

Questo fatto ha una conseguenza molto importante: il debitore può SEMPRE mettere in vendita la propria abitazione o qualsiasi altro bene (fino al momento in cui questo non viene alienato coattivamente all'Asta), l'unica cosa che dovrà sapere è che l'atto di compravendita NON potrà essere effettuato SENZA il benestare della Banca. E il benestare dell'Istituto di Credito si avrà solo se, in precedenza, sarà già stato negoziato un accordo per il quale quest'ultima verrà pagata con il denaro ricavato dalla vendita (c.d. "procedura a saldo e stralcio").

Un'altra cosa di estrema importanza è quella di RESTARE SEMPRE AGGIORNATI rispetto alle molte novità legislative che, di anno in anno, il Governo tende ad emanare.

Proprio mentre sto scrivendo questo libro è stata appena approvata dal Parlamento la legge 19 dicembre 2019, n. 157 (legge che ha convertito il Dl n. 124/2019) e già pubblicata sulla Gazzetta Ufficiale dello scorso 24 dicembre 2019.
Purtroppo ancora non è possibile valutare l'effettivo impatto di questa nuova norma nel panorama delle procedure esecutive in quanto, al momento, NON ci sono né precedenti né dati statistici che ci possano dire se sia uno strumento valido oppure no.

Detto ciò, però, dopo aver letto il corpo della norma pubblicato in Gazzetta Ufficiale, sono abbastanza scettico sulla sua reale efficacia ma spero di sbagliarmi. Se ti interessa saperne di più sull'argomento, ho argomentato queste mie perplessità in questo articolo: http://ktstrategieimmobiliari.com/blog/legge-blocca-aste-opportunita-o-bluff-2591/.

A prescindere da questo, però, tale normativa è stata emanata con l'unico scopo di venire in aiuto dei debitori esecutati, sospendendo le esecuzioni immobiliari il cui pignoramento sia stato notificato nel lasso di tempo intercorrente tra il 1° gennaio 2010 e il 30 giugno 2019.

Chiaramente, sapere che esiste questa Legge e conoscerne i limiti di applicabilità può comportare un'altra opzione strategica per cercare di risolvere il proprio problema.

Ad ogni modo, le procedure che ti ho appena evidenziato sono alcune tra le molte che DEVONO essere conosciute per poter risolvere (giudizialmente o stragiudizialmente) un problema. Sta a te comprenderle tutte se vuoi riuscire a negoziare un accordo con l'Istituto di Credito.

SEGRETO n. 8

Devi essere SEMPRE informato e AGGIORNATO in merito alle opzioni della Banca e alle tue alternative. Se non hai nessuna competenza in materia, l'unica soluzione sarà quella di farti affiancare nella trattativa da un Professionista in grado di aiutarti a creare una strategia corretta per raggiungere il risultato che ti sei preposto.

4.5 Scarsissima propensione al Problem Solving

Questa condizione del debitore deriva direttamente dal primo e dal terzo punto di questo elenco, e anche dal fatto che, di solito, il cliente della Banca NON ha nessuna esperienza pregressa di trattative con Istituti di Credito.

Al di fuori dei casi più semplici e lineari, quindi, quando la trattativa inizia a complicarsi un po', la persona che non conosce le procedure e i limiti legislativi entro cui la Banca deve operare, oppure che si fa coinvolgere emotivamente nella discussione e perde la propria lucidità, automaticamente non è più in grado di proporre soluzioni alternative che possano risolvere il problema cui ci si trova di fronte.

Come conseguenza di ciò il cliente/debitore corre il rischio di FARSI GUIDARE nella trattativa dalla propria controparte Banca che, però, come detto in precedenza, gli proporrà solamente le alternative che quest'ultima riterrà migliori per se stessa.

SEGRETO n. 9

Devi sempre cercare di anticipare le obiezioni della tua controparte Banca e i problemi che si potrebbero verificare. Fatto ciò devi impostare la negoziazione "tenendo nel cassetto" una o due soluzioni alternative ai problemi che non si sono ancora verificati, in modo di avere "la risposta pronta" nel momento in cui "si presenteranno alla tua porta" (e, fidati… qualche problema si presenterà sicuramente "a romperti le uova nel paniere" e a complicarti la vita).

4.6 La procrastinazione (il problema più grande del debitore)

Mi capita spesso di rispondere a domande di persone che hanno dei problemi molto seri con la propria Banca. Molto spesso, mi trovo di fronte soggetti disperati perché stanno perdendo ogni loro bene a causa di una situazione che è peggiorata così tanto da rendere impossibile poter sistemare le cose.

Queste persone si rendono conto che sono "ad un passo dal baratro" solo quando stanno per caderci dentro, nonostante, per anni, siano state coscienti che quest'ultimo si stava avvicinando in maniera inesorabile e, allora, **perché NON hanno agito prima?**

Perché si sono disinteressate di quello che stava accadendo loro e hanno preferito "guardare da un'altra parte" mentre il pericolo si avvicinava?

La risposta è semplice ma non è cosa da poco:

Per colpa della PAURA.

Molto spesso chi ha paura, piuttosto che provare tale sensazione, preferisce proteggersi evitando di pensare alla propria situazione, così, di fatto, "nascondendo la testa sotto la sabbia".

L'immobilità e il "fare finta di niente" sono reazioni naturali quando si ha paura; la paura, infatti, ha l'effetto immediato di bloccare molte delle nostre capacità cognitive, per ragioni che hanno a che fare con il ruolo stesso della paura per la nostra sopravvivenza come esseri umani.

È assolutamente **normale** avere paura di fronte ad una procedura esecutiva a proprio carico e provare angoscia se non si riesce a rientrare dei propri debiti, conseguentemente temendo per il proprio futuro.

Cercare di "non pensare al problema", concentrarsi su altro e fingere che non stia succedendo niente ha l'effetto immediato di alleviare una grande quantità di stress e permetterci di continuare a vivere la nostra vita senza esserne sopraffatti in ogni istante (almeno nel breve termine); non c'è da stupirsi quindi che questo sia un modo molto comune di reagire alla paura.

Purtroppo, però, far finta che il problema non esista perché abbiamo paura o siamo rassegnati a quello che ci sta succedendo ci danneggia enormemente.

Quello che mi preme sottolineare, a questo punto, **sono proprio le CONSEGUENZE di questo comportamento.**

Innanzitutto, chi decide di ignorare la propria situazione perde completamente la consapevolezza di quello che gli sta accadendo attorno.

Come abbiamo detto prima, non ritirando più le raccomandate dei propri creditori o non rispondendo più al telefono NON può sapere quello che sta succedendo intorno a lui.

Sono proprio questo tipo di comunicazioni, infatti, che generano nella persona che le riceve più stress e paura. È proprio per questo motivo che molte persone fanno finta di non aver mai ricevuto quella lettera o quella telefonata da parte del proprio creditore.

Purtroppo, però, come risultato di questo comportamento ottengono che, da un giorno all'altro, un individuo a loro sconosciuto gli bussa alla porta di casa avvertendoli che la loro abitazione è all'Asta.

Oltre al fatto di perdere la propria casa il debitore dovrà anche subire l'umiliazione di essere presente a ogni visita delle persone che sono interessate all'acquisto.

Sì, perché, come abbiamo già visto nel paragrafo 4.3, decidere di non rispondere al telefono o non ricevere la posta NON blocca in alcun modo il creditore ma, anzi, danneggia inesorabilmente la persona che sta tenendo tale comportamento.

A questo punto, però, potresti pensare che, siccome siamo arrivati alla fase dell'Asta Giudiziale, il debitore affronterà la sua paura e deciderà di prendere la situazione "di petto" e invece **NO**.

Il più delle volte, il suo comportamento non cambia (perché, aumentando la paura, la tendenza a non fare nulla e al voler ignorare ciò che gli succede intorno aumenta, come abbiamo appena visto).

Ovviamente questo è un circolo vizioso e, come tutti i circoli viziosi, può essere spezzato. Spesso, però, il debitore non se ne rende conto e, soggiogato dagli eventi, dalla rassegnazione e dalla paura, sarà portato a far finta di non vedere quello che gli sta accadendo, fino a che ormai sarà troppo tardi per fare qualsiasi cosa.

Vediamo il perché di questa mia affermazione:

Poniamo il caso che, oggi, hai saputo che la tua casa è stata messa in vendita all'asta.

Mettiamo che, per ipotesi, la prima vendita sia stata fissata tra sei mesi e che per il momento nessuno sappia ancora di questa procedura (perché non è stata ancora fatta pubblicità alla vendita sugli appositi portali delle aste).

Hai due possibilità:

1) Ignorare la situazione

Guarderai la tua famiglia negli occhi e dirai: *"abbiamo ancora sei mesi di tempo per risolvere il problema"* oppure *"nessuno compra alla prima asta. Abbiamo, almeno, un altro anno per trovare una soluzione"*.

Detto questo, invece di fare qualche cosa per migliorare la tua condizione, lascerai che le cose vadano avanti, ancora una volta disinteressandoti della tua sorte. Ancora una volta "nascondendo la testa sotto la sabbia".

Ancora una volta ti sarai fatto fregare dalla paura e dall'angoscia.

Purtroppo, il 95% dei debitori fa questa scelta.

Il 95% dei debitori AGGRAVA la propria situazione.

La verità è che **NON hai sei mesi**. Se non ti muovi subito NON riuscirai a trovare una soluzione ai tuoi problemi perché quando deciderai di affrontare "di petto" la tua situazione NON avrai più tempo per poterlo fare. Ormai la data della possibile vendita sarà troppo vicina, ci saranno troppe cose da fare e troppo poco tempo per poterle fare: proprio come quando andavi a scuola e dovevi fare i compiti per le vacanze estive. Se rimandavi troppo, ti trovavi all'ultimo giorno con troppe cose da fare per poterle fare bene.

Se vuoi risolvere i tuoi problemi DEVI fare MOLTO BENE i tuoi "compiti delle vacanze". Non puoi aspettare l'ultimo giorno perché per farli "molto bene" ci vuole TEMPO.

Ci vuole del tempo per creare una buona strategia, per negoziare con la Banca e per trovare i soldi necessari a saldare il proprio debito. Ci vuole tempo… Se, però, a causa della paura che provi ti metti nella condizione di non averne più molto a disposizione, nemmeno il professionista più bravo del mondo potrà garantirti la risoluzione dei tuoi problemi.

Siamo pur sempre persone… NON FACCIAMO MIRACOLI.

2) Affrontare immediatamente il problema

Questa è la scelta che fa solo il 5% dei debitori... la scelta più saggia per loro e per le loro famiglie ma anche **quella più difficile**.

Ci vuole coraggio per affrontare le proprie paure. Ci vuole coraggio per fare quello che va fatto per tutelare la propria vita e quella dei propri cari. **Non è una scelta facile da prendere, ma è l'UNICA che devi prendere**.

Per esperienza personale ti dico che, nel 90% dei casi, affrontare il problema per tempo permette al debitore di risolverlo. Se, invece, la strategia adottata da quest'ultimo è quella di "far finta di nulla", allora è molto probabile che non si riuscirà ad aiutare quella famiglia.

RIEPILOGO DEL CAPITOLO 4:

- I veri problemi del cliente/debitore della Banca sono quattro:

  1) una forte emotività in relazione a quello che gli sta accadendo;

  2) una mancanza quasi totale di consapevolezza in merito alla propria situazione debitoria;

  3) una scarsissima conoscenza delle procedure legali che potrebbe utilizzare la Banca e la presenza di falsi miti in merito a quello che sta accadendo;

  4) una limitatissima capacità di Problem Solving.

- Se non riesci a controllare la tua carica emotiva diventi parte del problema perché non sei più in grado di ragionare razionalmente e vieni spinto a prendere soluzioni affrettate.

- Se non conosci esattamente la tua situazione debitoria nei confronti della Banca tua creditrice avrai molte difficoltà a intavolare una trattativa che porti ad un risultato, per te, accettabile.

- Non rispondere alle chiamate del tuo creditore o non ritirare le comunicazioni relative al tuo debito NON serve a nulla... anzi, questo comportamento peggiora solamente la tua situazione.

- Devi informarti il più possibile in merito alle procedure che utilizzerà la Banca per tutelare i propri interessi e delle tue possibili alternative.

- Devi sempre cercare di anticipare le obiezioni della Banca e i problemi che si potrebbero verificare. Una volta che avrai fatto ciò, devi preparare una strategia (fatta di alternative) per negoziare con successo.

- Devi assolutamente evitare di "nascondere la testa sotto la sabbia" a causa della paura che provi. Opponiti con tutto te stesso alla paura.

Gli Avvocati

(della Banca e del cliente/debitore)

Capitolo 5:
Avvocati: problema o soluzione?

5.1 Perché il tuo consulente può sbagliare strategia?

Faccio subito una premessa perché non voglio assolutamente essere frainteso e, di conseguenza, non voglio generare sterili polemiche:

Come per ogni lavoro (nessuno escluso), non si può essere dei "tuttologi", tanto meno nell'ambito del "Diritto italiano" che, per sua natura, è veramente smisurato.

Se vuoi ottenere un buon risultato, **DEVI cercare Professionisti COMPETENTI del settore che riguarda la *tua* problematica**, qualunque essa sia.

Mi spiego meglio:

Se devi negoziare un "saldo e stralcio" con la Banca, DEVI

trovare un Professionista che sia abituato a trattare con gli Istituti di Credito, che abbia competenze in diritto Civile e diritto Bancario e che conosca molto bene le Procedure Esecutive Immobiliari oltre che quelle interne alla Banca e, soprattutto, che abbia al suo attivo MOLTE pratiche risolte positivamente.

Anche se conosci da tanto tempo il consulente che ti sta seguendo, anche se è un tuo amico o se ti ha risolto un altro problema, non ti puoi rivolgere "con cuor leggero" a chi, per esempio, si occupa in maniera prevalente di pratiche di infortunistica stradale per trattare questioni relative a un problema con le Banche (e viceversa), semplicemente perché NON sono la stessa cosa, ed entrambe necessitano di competenze DIFFERENTI e SPECIALISTICHE.

Se ti farai assistere da un professionista che NON è esperto della materia, potresti incorrere nel rischio di NON raggiungere il risultato che ti sei prefissato nella mente.

Ritornando all'argomento di questo libro: esiste una grande differenza tra i professionisti che, abitualmente, lavorano dalla parte della Banca (o contro di essa) e quelli che, invece, non lo hanno mai fatto (o lo fanno solo raramente).

I primi hanno una competenza sicuramente maggiore dei secondi sulle normative, sul modo in cui approcciare all'Istituto di Credito, sulle sue procedure interne e sui "cavilli" a cui appigliarsi quando c'è un'azione esecutiva in corso.

Non è una questione di abilità o ignoranza ma solamente di **esperienza**.

Detto ciò, è chiaro che quando entrambi gli attori principali (Banca/creditrice e cliente/debitore) sono rappresentati da due legali, sarà la loro "competenza professionale" e di negoziazione a influenzare gli esiti della trattativa o della causa.

Di solito sarà l'avvocato che rappresenta la Banca a essere strategicamente "in vantaggio" in una causa o in una trattativa contro quest'ultima. Il motivo di tutto ciò è che quel professionista avrà un bagaglio di esperienze sicuramente maggiore rispetto al consulente "medio" del debitore. Quest'ultimo, infatti, molto spesso si trova "a digiuno" di tale tipologie di pratiche oppure ne ha affrontate solamente una o due durante tutta la propria "vita professionale".

Tale mancanza di esperienza specifica da parte del legale del debitore potrebbe comportare errori di valutazione nella predisposizione di una strategia difensiva o di una negoziazione. La conseguenza di tutto ciò sarà quella di NON riuscire a tutelare i diritti del proprio cliente.

Detto ciò, entrambe queste figure (l'avvocato della Banca e l'avvocato del cliente/debitore) presentano dei limiti che è opportuno conoscere quando ci si approccia ad una trattativa.

5.2 La scarsa attitudine al Problem Solving della tua controparte può compromettere una trattativa?

Quando si tratta di avvocati, c'è il rischio che siano "chiusi" all'interno di procedure e, di conseguenza, siano meno rivolti alla risoluzione "creativa" dei problemi che gli si pongono di fronte.

Faccio un esempio:

In una delle pratiche che ho seguito personalmente, stavamo tutelando (io e i professionisti che collaborano con me) un cliente debitore che era proprietario di un immobile.

Per riuscire a risolvere il suo problema con la Banca, avevamo individuato un potenziale acquirente per la sua abitazione in modo da chiudere la questione a saldo e stralcio.

La casa era stata pignorata e messa all'Asta. Due vendite erano andate deserte e si avvicinava la terza. Quest'ultima ci preoccupava molto in quanto temevamo che qualcuno avesse potuto partecipare e, se fosse accaduto, non saremmo riusciti ad aiutare il debitore e la sua famiglia ad uscire da quella brutta situazione.

Il potenziale acquirente aveva già le somme necessarie per l'acquisto (non doveva richiedere un mutuo) ma queste erano vincolate presso il suo Istituto di Credito. Serviva del tempo per provvedere allo svincolo.
Oltretutto erano presenti anche alcuni abusi edilizi che dovevano essere sanati se volevamo procedere alla vendita dell'abitazione e, anche per quelli, necessitavamo del tempo per avviare le dovute pratiche in Comune.

Trovammo l'accordo con la Banca.

Per poter procedere alla vendita, quindi, iniziammo l'iter per sanare gli abusi edilizi e per svincolare le somme necessarie.

Intanto la data dell'Asta si avvicinava sempre più.

Dopo qualche tempo, i soldi erano sul conto corrente del potenziale acquirente, pronti per essere utilizzati ma, per colpa di "ponti" e ferie varie, la procedura di sanatoria procedeva a rilento. Incominciammo ad essere preoccupati di non riuscire a stipulare l'atto di vendita prima della data dell'Asta.

Chiesi all'avvocato dell'Istituto di Credito di sospendere la procedura (anche se sapevo benissimo che non avrebbe accettato). E infatti avevo ragione: anche se il legale di controparte aveva diligentemente presentato la richiesta al proprio referente della Banca, quest'ultimo non aveva nessuna intenzione di sospendere la vendita all'Asta senza prima incassare le somme che il debitore doveva versare in base all'accordo che avevamo raggiunto.

Dall'altra parte, invece, il potenziale acquirente non aveva nessuna intenzione di corrispondere il denaro alla Banca prima della vendita con la quale avrebbe assunto la proprietà dell'immobile.

Eravamo in una situazione di stallo. L'accordo era stato raggiunto e i soldi erano pronti, ma non potevamo procedere alla vendita per colpa di un problema tecnico di cui nessuna delle parti era responsabile.

L'avvocato della Banca non aveva soluzioni da proporre e, quindi, mi suggerì di far partecipare il potenziale acquirente all'Asta. Questo, però, non era possibile, in quanto, così facendo, non saremmo riusciti a tutelare il debitore esecutato e nemmeno il potenziale acquirente che non avrebbe avuto la certezza di aggiudicarsi l'abitazione.

Io suggerii una seconda ipotesi al mio interlocutore: far depositare dall'acquirente le somme destinate alla Banca presso un notaio. Tali somme, una volta depositate, sarebbero state vincolate all'esclusivo pagamento dell'Istituto di Credito.

Per venire incontro alle paure del promittente acquirente, prevedemmo che il denaro gli sarebbe stato restituito se la Banca non avesse provveduto alla sospensione della procedura e, di conseguenza, il bene fosse andato all'Asta.

Questa soluzione fu accettata sia dalla Banca sia dal potenziale acquirente (che, in questo modo, non rischiava nulla) e, di conseguenza, procedemmo verso questa direzione.

Una volta depositate le somme presso il notaio, l'avvocato della Banca fece istanza di sospensione della procedura esecutiva, che fu accolta dal Giudice e, quindi, potemmo attendere la conclusione dell'iter per la sanatoria.

Un mese più tardi venne stipulato l'atto di vendita dell'abitazione; la Banca venne pagata, il debitore uscì da questa situazione senza più alcun debito sulle spalle e l'acquirente acquistò la casa che desiderava.

Questo risultato fu raggiunto solamente perché proposi una soluzione "creativa" per risolvere un problema tecnico.

Sia chiaro: con questo mio racconto non voglio far intendere che l'avvocato della Banca non conoscesse tale possibilità, anzi. Una volta che avanzai tale soluzione, quasi "cadde dalle nuvole" e, subito, mi aiutò a perfezionare la proposta nei confronti dell'Istituto di Credito. Si occupò anche di intercedere con il proprio referente della Banca per spiegargliela in dettaglio e per fargliela accettare.

Il motivo per il quale non fu lui a proporre tale alternativa derivava esclusivamente dal fatto che, come professionista abituato a fare prevalentemente "azioni legali" e "procedure esecutive", questa opzione non era, per lui, "di pronto utilizzo" in quanto non rientrava in una procedura ben definita.

Per risolvere il problema serviva un approccio un po' più "creativo" e rivolto al Problem Solving.

Tutto qui.

SEGRETO n. 10
Non ti arrendere ai "NO". **Proponi sempre delle alternative.**

5.3 Quanto incide nella scelta del cliente il parere del proprio legale? Il problema dei molteplici livelli di autorizzazione

Un aspetto per il quale, però, il legale del debitore è sicuramente avvantaggiato nei confronti di quello della Banca è sull'influenza che può esercitare verso il proprio cliente.

Il cliente/debitore dell'Istituto di Credito è molto più incline a seguire i consigli del proprio avvocato. Questo comportamento si verifica perché il cliente/debitore, di solito, ha fiducia nel proprio legale, NON ha alcuna esperienza di cause o azioni esecutive, NON conosce la materia e NON è lui che, materialmente, sta trattando con la Banca.

L'avvocato della Banca raramente ha questa fortuna. L'Istituto di Credito, solitamente, utilizza il proprio legale come un mero esecutore delle proprie volontà e come un primo filtro per eventuali trattative.

Il referente dell'avvocato, a sua volta, fa parte o è direttamente subordinato a un apposito ufficio interno alla Banca che si occupa di accettare o meno le proposte che vengono avanzate dal cliente/debitore.

Di solito questa persona si occupa di supervisionare centinaia di pratiche relative a posizioni "in incaglio" o "in sofferenza" e, per questo motivo, ha una grande esperienza in materia. Conosce i limiti della Banca in termini di accantonamenti a bilancio ed è al corrente delle policy interne dell'Istituto di Credito in materia di accettazione degli accordi con i clienti/debitori.

Ciò detto, è possibile che l'avvocato della Banca riesca a "indirizzare" il proprio cliente/Banca verso la direzione che, per lui, è la migliore possibile ma, come dicevo prima, questa eventualità NON è scontata.

Uno dei più grandi problemi che si incontrano negoziando con un Istituto di Credito è dato, infatti, proprio dai **diversi livelli di autorizzazione che sono necessari per il raggiungimento di un accordo**.

Nello specifico, l'avvocato con cui, materialmente, stai conducendo una negoziazione è il c.d. **"primo livello di autorizzazione"**.

Se non riuscirai a trovare un accordo che lo convince, non trasmetterà la tua offerta al suo **referente** della Banca. Quest'ultimo rappresenta il c.d. **"secondo livello di autorizzazione"**.

In questa fase sarà il legale della Banca a interfacciarsi con il suo "supervisore" per cercare di convincerlo della bontà della tua offerta. Se riuscirà in tale compito, allora il referente dell'avvocato passerà la proposta all'**organo** della Banca che delibererà sulla tua offerta. Tale organo rappresenta, quindi, il c.d. **"terzo livello di autorizzazione"**.

Di solito di questi livelli ce ne sono tre ma, in alcuni casi, mi è capitato di trovarne anche quattro.

Ogni "livello di autorizzazione" rappresenta un possibile ostacolo al raggiungimento di un accordo con la Banca per due motivi:

1. in primis, a parte il primo livello di autorizzazione costituito dalla persona con cui stiamo trattando, non siamo in grado di interfacciarci direttamente con chi decide. In conseguenza di ciò, siamo limitati nel proporre soluzioni a qualsiasi ostacolo

che possa verificarsi al raggiungimento di un accordo, in sede di analisi della proposta.

Per fare questo dovremo aspettare che l'Istituto di Credito risponda alla nostra offerta in termini negativi, per poi presentare una nuova proposta transattiva che tenga conto del problema evidenziato dalla Banca (perdendo così tempo prezioso).

Se avremo intavolato un buon rapporto con il legale della nostra controparte, però, potremo parzialmente sopperire a questo problema ottenendo da lui, informalmente, informazioni su questa difficoltà al raggiungimento di un accordo, così da riuscire a proporre un'alternativa PRIMA di una delibera formale di rifiuto (risparmiando un po' di tempo);

2. per essere sicuri che le nostre motivazioni e le "nostre parole" vengano riportate correttamente e fedelmente ai "livelli superiori", siamo obbligati a SCRIVERE quanto abbiamo detto a voce al legale della Banca per convincerlo.

Il tutto per evitare il c.d. "effetto del telefono senza fili" nel quale viene tramessa una parola e ne arriva a destinazione un'altra completamente differente.

Questo punto può essere problematico per la persona comune

in quanto, sempre mantenendoci estremamente "sintetici" nella redazione del testo, dovremo essere anche molto convincenti. Approfondiremo questa tematica nel capitolo 11.

5.4 Perché essere bravo nel negoziato "di posizione" non vuol dire essere un bravo negoziatore?

Ultimo, ma non per importanza, è il problema che alcuni avvocati, sebbene siano bravi e competenti a livello tecnico/giuridico, non sono, però, degli abili negoziatori.

Di solito questi professionisti iniziano una trattativa partendo da un negoziato "di posizione" (si focalizzano sui loro esclusivi obiettivi, escludendo ogni possibile opzione che non sia stata formulata da loro). Questa cosa provoca immediatamente una situazione di conflitto con la propria controparte.

Chi di voi ha avuto modo di leggere una lettera di diffida, preparata da un qualsiasi legale, avrà potuto notare che il tono del messaggio contenuto in quest'ultima era molto tecnico, impersonale e, spesso, velatamente intimidatorio.

Tutto ciò può andar bene quando si è già deciso di affrontare una causa legale o un'esecuzione forzata nei confronti della propria controparte ma NON è la soluzione migliore quando si vorrebbe trovare un accordo stragiudiziale con quest'ultima.

Una negoziazione volta alla risoluzione di un problema NON può essere portata avanti utilizzando le metodologie proprie di una "lettera di diffida".

Il consulente che si avvicina ad una trattativa deve "cambiare il proprio cappello", passando da soggetto tecnico, formale e intimidatorio a individuo *conciliante, propositivo* e rivolto all'individuazione di una *soluzione comune* per un problema condiviso.

Sembra una cosa facile, ma purtroppo NON lo è.

Non scordiamoci MAI di quello che abbiamo imparato nel capitolo 2: **noi abbiamo SEMPRE a che fare con PERSONE, non con oggetti. Se li "aggrediamo", loro reagiranno e si chiuderanno sulla difensiva**, ostacolando il raggiungimento di un accordo.

Gli "assi nella manica" di cui siamo in possesso vanno sicuramente utilizzati per vincere la partita, ma bisogna evitare di entrare subito in conflitto con la propria controparte. In caso contrario, come abbiamo detto sopra, la controparte si chiuderà e non avremo più modo di capire quali siano effettivamente le SUE reali richieste e i suoi bisogni.

Senza conoscere queste informazioni NON avremo leve da utilizzare nei suoi confronti per raggiungere un accordo soddisfacente.

RIEPILOGO DEL CAPITOLO 5:

- Se vuoi risolvere i tuoi problemi e non puoi farlo da solo, DEVI cercare Professionisti COMPETENTI del settore che riguarda la tua problematica, qualunque essa sia.

  Nella trattativa o nelle cause con le Banche, i professionisti che lavorano per queste ultime o contro di esse hanno sicuramente un'esperienza maggiore dei consulenti che NON hanno avuto mai (o quasi) a che fare con gli Istituti di Credito. È una mera questione di esperienza.

- Alcuni professionisti potrebbero essere mentalmente "chiusi" all'interno di procedure e, di conseguenza, essere meno rivolti alla risoluzione "creativa" dei problemi che gli si pongono di fronte. Sta a te proporre alternative.

- Anche se riuscirai a raggiungere un valido accordo con l'avvocato della Banca, non è detto che quest'ultima decida di accettare la tua proposta. Questo potrebbe accadere a causa dei c.d. "molteplici livelli di autorizzazione".

- Non sempre un buon avvocato è anche un buon negoziatore.

SEZIONE SECONDA

IL B.A.T.N.A. DELLE PARTI

"Ottenere cento vittorie su cento battaglie non è il massimo dell'abilità: vincere il nemico senza bisogno di combattere, quello è il massimo trionfo".

Sun Tzu, *L'arte della guerra*

Capitolo 6:
Cos'è la B.A.T.N.A.

6.1 La B.A.T.N.A. può essere il fulcro della negoziazione?

Letteralmente l'acronimo B.A.T.N.A. significa: *"Best Alternative To a Negotiated Agreement"* e, cioè, **"migliore alternativa ad un accordo negoziato"**.

Per farti capire meglio il concetto di B.A.T.N.A., quest'ultimo risponde alla domanda:

"Se non riuscissi a trovare un accordo con il mio interlocutore, quali sarebbero le mie alternative?".

Porsi tale quesito è estremamente semplice e importante perché ci apre gli occhi verso le conseguenze di quello che stiamo facendo e ci permette di decidere quando interrompere la negoziazione e quando, invece, perseverare nonostante i rifiuti della nostra controparte.

Di solito, il cliente/debitore della Banca inizia a trattare con il proprio Istituto di Credito senza prima aver verificato quali siano le sue alternative, senza aver ragionato sulla sua B.A.T.N.A.

Questo è un grave errore perché conoscere le proprie alternative rispetto al negoziato può consentire a chi sta trattando di riuscire a soddisfare meglio i propri interessi.

A dispetto di quello che molti pensano, il vero obiettivo dell'attività di negoziazione NON è necessariamente quello di raggiungere un accordo con la propria controparte.

L'accordo, infatti, è solamente **un mezzo** per raggiungere **un fine**. Questo fine non è nient'altro che la **soddisfazione dei tuoi veri interessi**.

In definitiva, quindi, lo scopo dell'attività di negoziazione è meramente quello di cercare di capire se soddisferesti meglio i tuoi interessi attraverso il raggiungimento di un accordo con la tua controparte oppure intraprendendo la strada della tua migliore alternativa a quest'ultimo.

Mi spiego meglio.

Se sei di fronte ad un problema con la tua Banca e, analizzando tutti i documenti in tuo possesso, ti rendi conto che anche l'Istituto di Credito è in difetto nei tuoi confronti, potresti avere due possibilità:

1. **Cerchi di raggiungere un accordo con la tua controparte** (tu "chiudi un occhio" sul fatto che la Banca sia in difetto nei tuoi confronti e l'Istituto di Credito ti viene incontro nel superamento del tuo problema);

oppure

2. **Fai valere i tuoi diritti in Tribunale.**

Chiaramente la scelta che farai dipenderà da valutazioni relative, per esempio, ai costi che affronterai per intraprendere la prima o la seconda opzione, oppure alle tempistiche per l'ottenimento del risultato atteso o, anche, alle possibilità che potresti avere nell'uscire vittorioso (o meno) da una causa civile contro la Banca. Ragionare sulle tue possibilità ti permetterà di decidere con lucidità quale scelta fare.

Proprio per questo motivo, la B.A.T.N.A. è il vero fulcro del potere della negoziazione. Questo potere NON dipende dalla dimensione, dalla forza economica o dal fatto di essere una Banca oppure una semplice persona.

Il potere della trattativa è dato dalla bontà delle tue alternative. Se hai un'alternativa percorribile, allora sei anche in grado di influenzare la negoziazione.

Migliori sono le tue alternative, maggiore è il tuo potere.

SEGRETO n. 11

Ragiona sempre sulle tue alternative prima di iniziare una trattativa con la Banca. Mettile per iscritto e tienile sempre a mente quando stai negoziando con il tuo interlocutore.

Se hai alternative puoi influenzare la trattativa, se non le hai sei costretto a raggiungere un accordo che potrebbe, anche, non soddisfare pienamente i tuoi interessi e obiettivi.

6.2 Durante una negoziazione, conoscere le proprie alternative è sufficiente per raggiungere i propri obiettivi?

Per il momento abbiamo parlato solamente delle tue alternative alla trattativa ma, se vuoi riuscire a trovare un accordo con la tua controparte, DEVI necessariamente capire quali siano le SUE ALTERNATIVE rispetto alla negoziazione con te.

Se vuoi creare una buona strategia, inoltre, devi riuscire a valutare se la sua B.A.T.N.A. è più forte della tua, se è uguale alla tua o è più debole della tua.

Se le alternative della Banca rispetto alla negoziazione sono più forti delle tue, la Banca potrebbe non avere interesse nel perdere tempo per cercare di raggiungere un accordo con te. Se, invece, le sue opzioni alla negoziazione sono uguali alle tue o sono più deboli delle tue, allora sarà molto più facile raggiungere un accordo. In quest'ultimo caso, infatti, la Banca potrebbe rendersi conto, molto più facilmente, che la via del negoziato potrebbe essere un'ottima opportunità per perseguire i propri obiettivi.

Questo è un aspetto fondamentale per la creazione di una strategia adeguata al raggiungimento dell'obiettivo che ti sei prefissato.

Per capire meglio quanto appena detto, riprendiamo l'esempio fatto poco fa.

Diciamo, per ipotesi, che sei in difetto con la Banca perché, magari, sei indietro con il pagamento delle rate del mutuo.

Il tuo obiettivo è quello di rinegoziare l'importo delle rate mensili per abbassarle. La finalità della Banca, invece, è di incassare regolarmente quanto le devi in virtù del prestito che hai ottenuto da lei.

Andando a verificare la documentazione in tuo possesso, ti rendi conto che l'Istituto di Credito, nel tempo, ti ha più volte addebitato un costo di poche decine di euro come costi che non le sono dovuti. A parte questo, non trovi altre irregolarità in merito al tuo rapporto con la Banca.

Le alternative dell'Istituto di Credito sono molto più forti delle tue, perché quest'ultimo potrà sempre agire giudizialmente contro di te per recuperare le somme che ti ha prestato (mettendoti la casa all'Asta, pignorando il tuo conto corrente oppure il quinto del tuo stipendio). Per te, invece, l'opzione della causa "non sta più in piedi" e non ti porterebbe a nulla se non al rimborso di quelle poche decine di euro di cui la Banca si sarebbe appropriata indebitamente.

A conti fatti, quindi, la tua unica possibilità per raggiungere il tuo obiettivo è quella di cercare di trovare un accordo "pacifico" con l'Istituto di Credito per la rinegoziazione del prestito ottenuto.

Come avrai capito, la negoziazione è un'attività complessa e delicata perché ci obbliga a "metterci nei panni" della nostra controparte per vedere il mondo "con i suoi occhi" cercando, allo stesso tempo, di ipotizzare come quest'ultima si potrà comportare nei nostri confronti e quali alternative abbia.

SEGRETO n. 12
Se vogliamo risolvere i nostri problemi **dobbiamo capire che alternative pensa di avere il nostro interlocutore e fare di tutto per "smontargliele" pezzo per pezzo**. Il nostro scopo deve essere quello di indurlo a vedere il negoziato con noi come la sua unica alternativa vincente.
Questo ci permetterà di avere maggiore potere di guidare la trattativa.

Molto spesso le persone che si trovano ad avere un problema con la Banca ritengono di NON avere alternative o di essere in una posizione di estremo svantaggio nei confronti dell'Istituto di Credito.

Nei capitoli che seguiranno ti dimostrerò che non è sempre così e che anzi molto spesso, tra i due, è proprio la Banca che ha più da perdere.

RIEPILOGO DEL CAPITOLO 6:

- B.A.T.N.A. è un acronimo che significa *"Best Alternative To a Negotiated Agreement"* e, cioè, **"migliore alternativa ad un accordo negoziato"**.

- Prima di iniziare una negoziazione è fondamentale porsi questa domanda: ***"Se non riuscissi a trovare un accordo con il mio interlocutore, quali sarebbero le mie alternative?"***.

- Lo scopo dell'attività di negoziazione è solamente quello di cercare di capire se soddisferesti meglio i tuoi interessi attraverso il raggiungimento di un accordo con la tua controparte oppure intraprendendo la strada della tua migliore alternativa a quest'ultimo.

- Il vero fulcro di tutta l'attività di negoziazione è solamente la B.A.T.N.A., tua e della Banca.

- **Migliori sono le tue alternative, maggiore è il tuo potere.**

- Se vuoi riuscire a trovare un accordo con la Banca, devi capire quali siano le sue alternative rispetto alla negoziazione con te.

- Per raggiungere un accordo, poi, devi riuscire a valutare "il peso" delle vostre rispettive alternative alla negoziazione.

  Se la B.A.T.N.A. della Banca è più forte della tua questa potrebbe non avere l'intenzione di raggiungere un accordo con te. Se, invece, le sue alternative alla negoziazione sono uguali alle tue o sono più deboli delle tue, allora sarà molto più facile chiudere la trattativa.

Questo è un aspetto fondamentale per la creazione di una strategia adeguata al raggiungimento dell'obiettivo che ti sei prefissato.

Capitolo 7:
La B.A.T.N.A. della Banca

7.1 Quali sono i cinque motivi principali per i quali la Banca decide di trattare con te?

Nel capitolo precedente ho parlato del fatto che, per risolvere i tuoi problemi e, di conseguenza, per poter raggiungere un buon accordo con la Banca, DEVI individuare le potenziali alternative che quest'ultima ha nel negoziare con te. Per poter fare ciò, però, devi anche conoscere le motivazioni che possono spingere l'Istituto di Credito a ricercare un accordo mediante una trattativa.

Devi "metterti nei suoi panni".

Per poterti spiegare meglio tali motivazioni, prenderò ad esempio il caso più complesso di negoziazione con la Banca e, cioè, il c.d. "saldo e stralcio" di un suo credito nei confronti di un cliente/debitore.

Il motivo per il quale affermo che tale tipologia di trattativa sia la più complessa che affronterai negoziando con la Banca deriva dal fatto che, come professionista o come debitore, se ti cimenterai in questo tipo di negoziazione dovrai convincere un soggetto che ha prestato dei soldi ad un altro che sia un suo interesse quello di rinunciare a una buona parte di questo denaro per sempre.

Se tu fossi nei panni dell'Istituto di Credito, saresti contento di rinunciare ai tuoi soldi oppure saresti titubante nell'accettare di partecipare a una trattativa di questo tipo?

Se avessi prestato ad un'altra persona 100.000 euro a condizione che questi ti vengano restituiti tutti, saresti contento se, per esempio, il soggetto a cui li hai prestati te ne volesse rimborsare solamente la metà?

Credo che NON sarebbe una di quelle decisioni che prenderesti così "a cuor leggero".

Come detto nel capitolo precedente, parteciperai al negoziato se e solo se **le tue alternative** saranno peggiori rispetto all'idea di intavolare una trattativa con la tua controparte.

Stessa cosa farà la Banca.

Per iniziare, ti chiedo sin d'ora di recuperare i concetti e i ragionamenti fatti nei primi capitoli di questo libro che, sinteticamente, riporto qui di seguito:

- Innanzitutto ricordati che la "Banca" NON è una persona che, liberamente, può decidere cosa fare dei suoi crediti. NON è il soggetto che ti ha erogato il mutuo o quello che ti sta chiamando insistentemente per "rientrare" delle somme che devi restituire in virtù del prestito ottenuto.

- La Banca è un istituto giuridico regolato da norme e sottoposto al controllo di altri soggetti giuridici. NON può fare come vuole MA deve muoversi entro certi limiti fissati da altri (o, almeno, dovrebbe farlo).

- Ogni decisione che esce dall'ordinario (come accettare uno stralcio del proprio credito) è soggetta a un'apposita delibera in cui vengono considerati vari parametri.
  Proprio di questi "parametri" parleremo qui di seguito.

Per esperienza diretta ti dico sin d'ora che esistono CINQUE motivi per cui la Banca è disposta a trattare con te. Alcuni di questi "pesano" di più degli altri nella decisione dell'Istituto di

Credito, ma TUTTI vengono presi in considerazione.

Tali motivi sono:

1. La tua buona fede;

2. I suoi minori costi di incasso;

3. I suoi minori tempi di rientro del debito;

4. La possibilità di incassi maggiori rispetto alle sue alternative;

5. La risoluzione del suo problema relativo agli accantonamenti contabili a bilancio.

Ma andiamo per ordine:

1. La **TUA BUONA FEDE** nei confronti dei rapporti intrattenuti, fino a quel momento, con la Banca è il primo punto che viene preso in considerazione. Questo "prepara gli animi" di chi deve decidere se venire incontro, o meno, alla tua richiesta di uno "sconto" rispetto a quanto devi all'Istituto di Credito (stessa cosa vale per le altre negoziazioni che potrai intraprendere con la Banca).

Mi spiego meglio:

Se sei sempre stato ineccepibile nel pagare le rate del mutuo e NON puoi più farlo per MOTIVI OGGETTIVI quali la perdita del lavoro, una separazione, una malattia, un lutto ecc., allora, per chi deve decidere in merito alla proposta di stralciare il tuo debito o di risolvere un tuo problema, sarà più facile venirti incontro (o provare a farlo).

Come abbiamo visto in precedenza, a nessuna persona fa piacere sentirsi in difetto verso un soggetto che è in una situazione di difficoltà oggettiva. Nessuno vuole fare la figura "del cattivo".

Nel caso in cui, invece, la tua buona fede NON sia stata, poi, così "buona", potresti trovare delle difficoltà a intavolare una trattativa. Così come a nessuno piace fare la figura "del cattivo", a nessuno piace sentirsi preso in giro… soprattutto da chi ha un debito nei suoi confronti.

2. Il secondo punto riguarda i **COSTI** che la Banca dovrebbe sostenere per incassare quanto le devi.

Cercare di recuperare un credito mettendo in vendita un immobile in Asta è una procedura molto costosa e produce risultati poco appetibili per l'Istituto di Credito che la utilizza.

Dati statistici riportano che su 100.000 euro di valore del proprio credito, in media, alla terza asta la Banca riesce ad ottenere l'incasso di, circa, il 40% di quest'ultimo, al netto delle spese sostenute (se ti interessano i numeri, puoi guardare la Tabella 1; *fonte: Studio dei Costi delle Procedure Esecutive Individuali a cura dell'Associazione T6-Tavolo di Studio delle Esecuzioni Immobiliari*).

VALORI E PREZZI

[A]	**Valore credito (mutuo ipotecario fondiario) erogato**	€	**100.000,00**
[B]	Valore credito da rimborsare (esigibile) e per cui si pignora (es. Banca), I grado	€	85.000,00
[C]	Valore altro credito iscritto e intervenuto (ipotecario di II grado) (es. Equitalia)	€	10.000,00
[D]	Valore altro credito iscritto e non intervenuto (ipotecario di III grado) (es. Condominio)	€	5.000,00
[E]	Valore credito chirografario per spese legali di intervento 2 creditori: ipotecario (Equitalia) + chirografario	€	2.150,50
[F]	Valore immobile al momento della stima del tribunale (= al valore di stima all'erogazione)	€	125.000,00
[G]	Valore prima asta (con decurtazione standard del 15%)	€	106.250,00
[H]	Valore terza asta (primo ribasso del 25%)	€	79.687,50
[I]	Valore quinta* asta (secondo ribasso del 25%)	€	59.765,63
[J]	**Prezzo di aggiudicazione (RICAVO LORDO) = I + EVENTUALI RILANCI (IPOTESI)**	€	**63.000,00**

SPESE PROCEDURALI PRIVILEGIATE (PRE-DEDUZIONE)

		% sul tot.		
[K]	Spese per **COMPENSO PER LEGALE CREDITORE PROCEDENTE**	18,53%	€	**3.946,92**
[K1]	Rimborso spese vive tra cui oneri procedurali quali bolli, diritti, notifiche, contributi, etc. (gestite da LEGALE)	7,72%	€	1.644,00
[L]	Spese per **COMPENSO PER PERITO STIMATORE**	9,21%	€	**1.961,08**
[L1]	Rimborso spese vive tra cui oneri procedurali quali bolli, diritti, notifiche, contributi, etc. (gestite da PERITO)	0,66%	€	141,55
[M]	Spese per **PUBBLICITA' OBBLIGATORIA E FACOLTATIVA** (5* esperimenti)	19,33%	€	**4.117,50**
[N]	Spese per **COMPENSO PROFESSIONISTA DELEGATO ALLA VENDITA**	25,56%	€	**5.443,15**
[N1]	Rimborso spese vive tra cui oneri procedurali quali bolli, diritti, notifiche, contributi, etc. (gestite da DEGATO)	2,06%	€	438,60
[O]	Spese per **COMPENSO CUSTODE GIUDIZIARIO (senza includere i costi di sfratto)**	7,83%	€	**1.668,11**
[O1]	Rimborso spese vive tra cui oneri procedurali quali bolli, diritti, notifiche, contributi, etc. (gestite da CUSTODE)	4,80%	€	1.021,80
[P]	Rimborso spese sostenute dall'aggiudicatario per cancellazione pregiudizievoli	4,31%	€	917,00
[Q]	**TOTALE SPESE DI ESECUZIONE IN PRE-DEDUZIONE [K + L + M + N + O]**	100%	€	**21.299,70**
	DI CUI RIMBORSI SPESE VIVE [ANCHE BOLLI, DIRITTI, NOTIFICHE, ETC.]	15%	€	*4.162,95*
	In caso di sfratto forzoso con ufficiale giudiziario, fabbro e legale si aggiungono anche ulteriori		€	*1.889,08*
	In caso di pubblicità su "portale vendite pubbliche" - art. 490 c.p.c. (non ancora operativo) si aggiungeranno		€	*610,00*

PROGETTO (SEMPLIFICATO) DI DISTRISTRIBUZIONE E GRADUAZIONE DEI CREDITI

[R]	**RICAVO NETTO DALLA VENDITA IN ASTA [J - P]**	€	**41.700,30**
[S]	Soddisfazione creditore ipotecario I grado (banca pignorante)	€	41.700,30
[T]	*Eventuale credito residuo creditore ipotecario I grado (banca) non soddisfatto*	€	*43.299,70*
[U]	Soddisfazione creditore ipotecario II grado (Equitalia)	€	-
[V]	Soddisfazione creditore ipotecario III grado (Condominio)	€	-
[W]	Soddisfazione creditore chirografario (spese legali per 1 creditore intervenuto)	€	-
[X]	**RESIDUO DA RESTITUIRE AL DEBITORE**	€	-

DATI SUL RECUPERO DEL CREDITO

[Y]	CREDITO RECUPERATO (IN % SUL CREDITO VANTATO DEL I^ GRADO) - [R / B]		49,06%
[Z]	CREDITO RECUPERATO (IN % SUL CREDITO VANTATO TOTALE) [R / B+C+D]		41,70%
[AA]	obbligazione residua del debitore con ipotecario di I grado [T]	€	43.299,70
[AB]	obbligazione residua dei debitori con ipotecario di II grado e III grado [C + D]	€	15.000,00
[AC]	**obbligazione residuaTOTALE a carico del debitore [AA + AB] - se superiore a zero nessuna esdebitazione**	€	**58.299,70**
[AD]	SVALUTAZIONE GARANZIA RISPETTO AL VALORE PERIZIATO [1 - J/F]		49,60%
[AE]	INCIDENZA SPESE SU CREDITO VANTANTO DAL PRIMO CREDITORE IPOTECARIO [Q / B]		25,06%
[AF]	INCIDENZA SPESE SU RICAVATO LORDO ASTA [Q / J]		33,81%

> **Valore di realizzo delle garanzie reali rispetto al valore all'inizio della pratica** (€41.700 su €85.000) = <50%. Tale dato è anche in linea con quanto riportato sul recente paper di Banca d'Italia intitolato "La gestione dei crediti deteriorati: un'indagine presso le maggiori banche italiane", n. 311 del febbraio 2016: nell'indagine si fornisce un dato medio pari al 54%. Considerando che su valori di credito inferiori a quello della nostra simulazione il valore di realizzo tende a scendere anche in maniera rilevante, ma sale molto su procedure dove l'immobile a garanzia ha un valore di diverse centinaia di migliaia di euro. Per la nostra simulazione abbiamo voluto attestarci sul taglio medio di abitazione che è la tipologia più diffusa tra i mutuatari italiani.

> * *Nella simulazione si è considerato che alcuni esperimenti di vendita erano stati tenuti con la legge previgente alla L.132/2015, e quindi facilmente si è raggiunto il numero di 5 esperimenti (comprese appunte le fasi con incanto). La situazione è comunque comune alla maggioranza delle procedure pendenti attualmente*

Tabella 1

fonte: Studio dei Costi delle Procedure Esecutive Individuali a cura dell'Associazione T6-Tavolo di Studio delle Esecuzioni Immobiliari.

Questo vuol dire che se devi restituire 100.000 euro alla Banca e quest'ultima ha, come garanzia, un'ipoteca su una casa stimata circa 120.000/130.000 euro, **in caso di Asta l'Istituto di Credito riuscirà a recuperare, mediamente, circa 40.000 euro** (al netto delle spese sostenute).

Tieni sempre in considerazione il fatto che, per la Legge italiana, il pagamento parziale del debito a seguito della vendita all'Asta NON estingue la situazione debitoria del cliente.

La differenza tra quanto la Banca ha incassato tramite Asta e quanto le sarebbe dovuto, oltre agli interessi legali e le spese giudiziarie, resteranno "sulle spalle" del debitore.

In conseguenza di ciò, se la Banca vorrà cercare di rientrare del residuo credito che vanta nei confronti del proprio debitore, avrà l'onere di continuare a cercare un modo per recuperare tale denaro.

Questo vuol dire nuove azioni legali nei confronti del proprio cliente/debitore o verso i potenziali garanti di quest'ultimo, le quali però le costeranno altri soldi (pignoramenti del conto corrente, del quinto dello stipendio, dei beni del debitore o dei suoi garanti ecc.) senza la certezza di incassare quanto le è dovuto.

Come ho già detto, prima di fare qualsiasi altra azione giudiziale, la Banca farà un'attenta valutazione dei propri "costi di recupero".

Quando tali costi saranno troppo elevati da poter rendere il recupero del proprio credito economicamente poco "sostenibile", allora la Banca metterà direttamente "in perdita" le somme non recuperate oppure cederà il residuo del proprio credito ad un soggetto terzo in cambio di denaro (vedremo più avanti come funziona tale procedura).

Chi avrà acquistato il credito residuo poi, se vorrà recuperare l'investimento fatto, dovrà provvedere "in proprio" ad agire contro il debitore per incassare quanto gli spetta.

Ora... con questo NON voglio dire che, se hai un debito di 100.000 euro nei confronti della tua Banca, di punto in bianco, puoi andare da quest'ultima e, avvalendoti esclusivamente della motivazione del risparmio sui suoi "costi di recupero", potrai offrirle 40.000 euro "sull'unghia", sperando che questa accetti tale somma, rinunciando, senza lottare, ai restanti 60.000 euro che le dovresti restituire.

RIFLETTI: come abbiamo detto qualche pagina fa, se tu avessi un credito di 100.000 euro nei confronti di una persona e quest'ultima ti dicesse di rinunciare a 60.000 euro adducendo, come unica motivazione, quella di un tuo possibile risparmio di costi, accetteresti l'accordo che ti propone oppure gli "chiuderesti la porta in faccia"?

Credo proprio che rifiuteresti la proposta.

A parte questo, però, è possibile valutare la situazione, creare un'apposita strategia e presentare un'offerta più congrua o allettante per la Banca, sostenuta da un'abile negoziazione, per far sì che "l'ago della bilancia" penda verso una risoluzione positiva della questione in favore del debitore. Il tutto anche in virtù di quanto ti dirò più avanti.

SEGRETO n. 13

Ricordati sempre che la Banca è costituita da persone che DEVONO rendere conto del loro operato a qualcuno di più in alto e che i soldi in ballo NON sono i loro: queste persone NON si prenderanno MAI la responsabilità di accettare una trattativa che possa sembrare lesiva dei diritti dell'Istituto di Credito; piuttosto lasceranno che le cose compiano il loro corso, anche se ciò vuol dire arrivare ad una vendita all'Asta. **È vero che, così, la Banca ci avrà rimesso dei soldi MA la colpa NON sarà del singolo individuo ma del "sistema"** (il tutto, in DANNO del cliente/debitore).

3. Il terzo punto sono i **TEMPI DI INCASSO** da parte dell'Istituto di Credito.

Se la casa andasse venduta all'asta, per la Banca vorrebbe dire aspettare in media, almeno, altri 7/8 mesi prima di riscuotere qualche cosa (o anche di più, in base alle tempistiche dei singoli Tribunali). Può sembrare poco ma non è così, soprattutto in relazione al successivo punto 5 della lista: il problema degli accantonamenti contabili a bilancio.

Prevedere dei tempi di incasso più brevi rispetto alle alternative "canoniche" può agevolare la Banca nel venirti incontro verso la chiusura di un accordo.

Per esempio, chiudere una negoziazione su un saldo e stralcio del credito permette potenzialmente alla Banca di incassare SUBITO quanto promesso dal debitore in sede di trattativa.

Ho detto *"potenzialmente"* perché, in sede di trattativa, è possibile prevedere tantissime opzioni per saldare il proprio debito. Quella del pagamento immediato alla chiusura dell'accordo è solamente una delle tante, anche se, di fatto, è anche la più frequente.

4. Come abbiamo detto nel capitolo precedente, l'elemento fondamentale che spinge la Banca verso una scelta piuttosto che un'altra sono le **ALTERNATIVE** (la sua B.A.T.N.A.) che ha per incassare quanto le spetta.

Le alternative a cui mi riferisco sono di due tipologie:

a) **Quelle relative ai beni che la Banca può "aggredire"** per soddisfare il proprio credito (pignorare i conti correnti, lo stipendio o altri beni, mobili o immobili, di proprietà del debitore esecutato o dei suoi garanti ecc.).

b) **Di natura procedurale** e, cioè, le azioni che la Legge o i suoi "Enti di controllo" gli permettono di compiere per raggiungere i propri obiettivi.

Per quanto concerne il punto b), in questo momento storico l'Istituto di Credito ha solamente TRE alternative di natura procedurale in caso di definitivo mancato pagamento da parte del debitore:

IPOTESI 1: Vendere l'immobile in ASTA;

IPOTESI 2: Stralciare il proprio credito;

IPOTESI 3: Cedere il proprio credito ad un soggetto terzo (c.d. "cartolarizzazione del credito").

Dell'ipotesi 1 e 2 abbiamo già parlato nelle pagine precedenti mentre l'ipotesi 3 funziona, più o meno, così:

Un soggetto terzo (di solito un Fondo o una società costituita appositamente) acquista, per una somma molto bassa, un pacchetto di crediti "in sofferenza" della Banca (c.d. "NPL"). Quest'ultima, nel vendere "in blocco" tali crediti, beneficia del fatto che, in una volta sola, si libera di tante pratiche che "sporcano" il proprio bilancio e incassa immediatamente del denaro contante che potrà utilizzare subito.

Il soggetto che acquista il pacchetto di crediti, dal canto suo, provvederà ad incassarli (mediante Asta Giudiziaria oppure con accordi transattivi) cercando di ottenere una somma maggiore di quella che ha investito nell'operazione e con l'obiettivo finale di averne un guadagno.

Come abbiamo detto più volte sino a qui, conoscere le alternative della Banca ci permette di prevedere il suo comportamento e le sue reazioni alle nostre proposte. Chi si approccia a una negoziazione senza aver considerato questo punto parte estremamente svantaggiato e sarà destinato a fallire.

5. Ultimo motivo che può spingere la Banca a trattare con il proprio cliente/debitore è la risoluzione del problema relativo ai suoi **ACCANTONAMENTI CONTABILI A BILANCIO**.

Non voglio assolutamente entrare in aspetti tecnici relativi alla normativa sulla contabilità bancaria (sarebbe un argomento lungo e molto noioso) ma la cosa che è importante sapere è la seguente: a causa del debito non ripagato, la banca DEVE "accantonare" (bloccare) a bilancio una somma di denaro "a garanzia" delle somme non incassate.

Che cosa vuol dire?

Semplicemente che, per Legge, se hai un debito con la Banca che NON stai restituendo, quest'ultima DEVE "mettere da parte" (accantonandola e, di conseguenza, non potendola usare) una somma di denaro per coprire contabilmente una parte del debito.

Questo significa che OLTRE a quanto NON incassato, la Banca ha **un ulteriore danno economico** dovuto dal fatto che NON potrà utilizzare le somme accantonate fino a che non avrà chiuso la pratica del debitore (mediante Asta, Saldo e Stralcio o Cessione del Credito).

Ti faccio un esempio di come questo specifico elemento (l'accantonamento contabile a bilancio) ti potrebbe essere utile per la chiusura di un accordo con la Banca.

Nel mese di dicembre del 2018, stavo negoziando un accordo con un Istituto di Credito.

Il debitore doveva alla Banca circa 200.000 euro e quest'ultima aveva fissato il proprio obiettivo nell'incassare da tale negoziazione almeno 130.000 euro.

Le tempistiche di pagamento erano state stabilite per i primi di febbraio del 2019.

Tenuto conto che stavamo trattando durante il mese di dicembre, ho proposto all'Istituto di Credito di effettuare il pagamento entro la data dell'ultimo dell'anno in modo che tale pagamento rientrasse contabilmente nel 2018. In cambio di questa velocizzazione dei pagamenti, però, ho chiesto un ulteriore "sconto" di 15.000 euro sulla somma offerta.

La mia proposta fu accettata. Il 27 dicembre 2018 versammo 115.000 euro alla Banca e il debitore estinse il suo debito definitivamente (risparmiando ben 85.000 euro al posto dei 70.000 euro concordati originariamente).

Ricorda sempre: conoscere il modo di ragionare della tua controparte, le sue motivazioni a una trattativa e le sue alternative a quest'ultima ti permette di creare una strategia adeguata per raggiungere i tuoi obiettivi.

7.2 Quali sono i tre casi in cui negoziare con la Banca è più difficile?

Per aiutarti a entrare sempre di più all'interno del modo di pensare della Banca, ti segnalo che esistono almeno TRE situazioni che, se si verificano, rendono MOLTO più difficile una negoziazione con l'Istituto di Credito.

Tutti e tre questi casi vanno a rendere la B.A.T.N.A. della Banca più forte rispetto a quella del proprio cliente/debitore.

1. Il primo caso si verifica quando **la Banca ha PIÙ GARANZIE per uno stesso credito**.

Faccio un esempio: la classica giovane coppia che sottoscrive un mutuo garantito dalle "firme" (fideiussioni) dei propri genitori, i quali hanno immobili di proprietà.

Se la giovane coppia, per qualsiasi motivo, dovesse smettere di pagare il prestito fornito dalla Banca, quest'ultima potrebbe aggredire non solo la casa dei giovani (su cui ha già iscritto ipoteca) MA ANCHE quelle dei genitori di entrambi i ragazzi, in quanto questi, garantendo per i propri figli, sono diventati anche loro debitori (indiretti) della Banca.

Ora, perché affermo che, in presenza di tali circostanze, è più difficile trattare con la Banca?

Potrebbe risultare più difficile trovare un accordo con l'Istituto di Credito perché, in questo caso, **la Banca ha maggiori possibilità di incasso**.

Mi spiego meglio facendo un esempio (una situazione di fantasia, con nomi di fantasia):

Diciamo che Aldo e Angela (la giovane coppia) hanno comprato casa per 100.000 euro con mutuo di pari importo (per semplificare i calcoli).
I genitori di Aldo, Biagio e Beatrice, hanno garantito per il loro figlio. Stessa cosa hanno fatto i genitori di Angela, Carlo e Cristina.

Biagio e Beatrice hanno un appartamento del valore di 80.000 euro mentre Carlo e Cristina vivono in una villetta del valore di 250.000 euro.

Aldo e Angela non riescono più a pagare la Banca, la quale procede per mettere in vendita all'Asta la loro casa (su cui ha già iscritto un'ipoteca).

In questo caso cercare di raggiungere un accordo relativo a uno stralcio del debito dei due giovani è più complesso rispetto al caso in cui questi ultimi non avessero avuto i propri genitori a prestare garanzia.

Se non ci fossero stati altri beni in garanzia la Banca, infatti, avrebbe potuto "aggredire" **un solo immobile** del valore di 100.000 euro. Per evitare la "svalutazione" del bene a seguito di una possibile vendita all'asta, ingenti spese e tempistiche (di procedura e incasso) molto lunghe si sarebbe potuto trovare un accordo, diciamo, a 60.000 euro, pagati i quali sarebbe tutto finito lì.

Nel secondo caso, invece, sapendo che tutti i beni a garanzia hanno un valore di gran lunga maggiore del credito garantito (100.000 + 80.000 + 250.0000 = 430.000 euro a garanzia di un debito di "soli" 100.000 euro) la Banca NON ha molti motivi per i quali rinunciare a parte del proprio credito in favore del debitore.

Se dovesse procedere a vendere TUTTI i beni in Asta, anche "svendendoli" riuscirebbe comunque a recuperare tutto il proprio credito oltre alle spese sostenute per l'incasso delle somme.

In questo caso è, meramente, una questione matematica.

Stessa cosa vale anche in assenza di fideiussori (garanti del debitore) ma in presenza di altri immobili di proprietà del debitore oppure di conti correnti capienti ed altri beni.

Se, quindi, il debitore possiede altri beni immobili (case, terreni, uffici ecc.), dei beni di valore oppure ha un lavoro a tempo indeterminato, l'Istituto di Credito sarà meno disposto a trattare rispetto al caso in cui la propria controparte non abbia nulla.

Lo so, è spiacevole a pensarci ma, se tu fossi "nei panni" della Banca, rinunceresti "senza lottare" a parte del tuo credito sapendo che potresti recuperarlo tutto quanto?

Penso proprio di no. Stessa cosa fa l'Istituto di Credito.

2. **Il secondo caso** è simile ma non uguale al primo; si verifica quando **il bene immobile a garanzia del debito ha un valore nettamente SUPERIORE rispetto a quest'ultimo**.

Sempre per fare un esempio, prendiamo il caso di un mutuo di 100.000 euro garantito da un immobile che, sul mercato, ha un valore reale di 250.000 euro.

Anche qui, sarà molto più complicato riuscire a raggiungere un accordo con la Banca. Quest'ultima sa che, male che vada, anche se il bene andrà venduto all'asta a metà del suo valore (125.000 euro) l'Istituto di Credito avrà, comunque, incassato TUTTA la sorte capitale che il debitore gli doveva e quasi la totalità delle spese sostenute.

3. **L'ultimo caso è** quello che chiamo: **"IL RICATTO"**. Questo si verifica, solitamente, in sede di trattativa a saldo e stralcio.

Si ha quando, in una medesima procedura esecutiva, sono presenti più Banche Creditrici, delle quali una (solitamente quella che NON prenderebbe nulla dalla vendita in Asta) "ricatta" le altre (che hanno un credito più alto) e il debitore esecutato che, se non verrà pagata integralmente, NON rinuncerà agli atti esecutivi e/o alle ipoteche iscritte.

Questo comportamento, di fatto, rende IMPOSSIBILE, agli altri Istituti di Credito e al debitore, la chiusura di un accordo transattivo a saldo e stralcio.

Per semplificarci la vita facciamo un esempio:

Tizio ha un debito di 100.000 euro con la Banca "A" e un debito di 15.000 euro con la Banca "B". La casa di Tizio (su cui le Banche "A" e "B" hanno iscritto ipoteca, rispettivamente, di primo e secondo grado) sul c.d. "mercato libero" ha un valore reale di circa 60.000 euro.

Tizio NON riesce più a pagare il mutuo e la casa va all'Asta. Se il bene andasse venduto in quella sede, in ogni caso, il solo creditore che verrebbe soddisfatto (anche parzialmente) sarebbe la Banca "A" che è garantita da un'ipoteca di grado precedente rispetto alla Banca "B".

Caio è intenzionato a comprare la casa di Tizio e, per farlo, è disposto a pagare i 60.000 euro del valore dell'immobile. Quindi si procede per uno stralcio nei confronti dei due creditori.

Ora, che cosa può succedere in questo caso?

Le opzioni sono tre:

A. Il debitore NON riesce a raggiungere un accordo transattivo e, di conseguenza, la casa andrà venduta all'Asta (la Banca "A" riesce ad essere parzialmente pagata mentre la Banca "B" non prende nulla);

B. Si raggiunge un accordo e i due Istituti di Credito rinunciano, entrambi, a parte di quello che hanno diritto di avere dal debitore (la Banca "A" incassa 55.000 euro e la Banca "B" ottiene 5.000 euro);

C. L'accordo viene raggiunto con la Banca "A" ma non con la Banca "B" che, invece, procede al "ricatto" delle altre parti e, così facendo, pretende TUTTI i 15.000 euro che dovrebbe avere.

Se la Banca "A" e il debitore non accetteranno le condizioni della Banca "B" allora quest'ultima non presterà l'assenso alla cancellazione delle ipoteche e all'estinzione della procedura esecutiva rendendo, così, impossibile anche alla Banca "A" di perfezionare l'accordo e incassare le somme offerte dal proprio debitore (visto che non sarebbe più possibile perfezionare la vendita del bene da Tizio a Caio).

Se la Banca "A" dovesse cedere al ricatto, incasserebbe 45.000 euro (meno del 50% delle somme erogate al debitore, e avrebbe su di sé tutti i costi della procedura giudiziale) mentre la Banca "B" otterrebbe il pagamento complessivo del proprio credito: 15.000 euro.

Ora… perché questa cosa ci interessa? Alla fine, sono solo "rogne" della Banca, giusto?

SBAGLIATO!

In realtà il problema è molto grave, proprio perché si potrebbero instaurare dinamiche pericolose tra gli Istituti di Credito e i loro rispettivi B.A.T.N.A.

La Banca "A", vistasi ricattata, potrebbe interrompere i negoziati e rifiutarsi di continuarli. Dall'altra parte, chi negozia per la Banca "B" potrebbe continuare la c.d. "negoziazione di posizione" perché, tanto, i soldi NON sono i suoi e, piuttosto che fare la figura di "quello che tratta" e che rinuncia a due terzi del credito della propria compagnia (5.000 euro su 15.000), vuole essere la persona che ha "portato a casa il risultato".

In questo caso è più che mai importante focalizzarsi sulla persona che sta trattando con noi per la Banca "B". Bisogna cercare di "ristrutturare" il suo punto di vista della vicenda cercando di fargli capire che **non sta rinunciando** a due terzi delle somme che la Banca vanta nei confronti del debitore ma che **sta guadagnando** 5.000 euro da una procedura nella quale non avrebbe diritto a nulla. 5.000 euro sono sempre meglio di nulla.

Metti in pratica il segreto n. 12: **RISTRUTTURA** il suo modo di pensare e di vedere la situazione se vuoi risolvere questo tipo di problema.

A questo punto faccio un'ultima precisazione prima di procedere oltre: i casi che ti ho presentato rendono oggettivamente PIÙ DIFFICILE la negoziazione MA più difficile NON vuol dire impossibile.

Non mi stancherò mai di dirlo: per raggiungere il tuo obiettivo devi, per prima cosa, conoscere molto bene le tue alternative (la tua B.A.T.N.A.). Dopo che avrai chiarito con te stesso quali siano le tue opzioni, sapendo come negoziare con la Banca, quali sono le sue motivazioni e le sue alternative, puoi comunque riuscire a raggiungere un accordo che riesca a soddisfare i tuoi obiettivi.

Vediamo, quindi, qual è la B.A.T.N.A. del debitore rispetto alla negoziazione con la Banca.

RIEPILOGO DEL CAPITOLO 7:

- Esistono CINQUE motivi per cui la Banca è disposta a trattare con te. Alcuni di questi "pesano" di più degli altri nella decisione dell'Istituto di Credito, ma TUTTI vengono presi in considerazione.

- Questi cinque motivi sono:

  1) La tua buona fede;

  2) I minori costi di incasso per la Banca;

  3) I minori tempi di rientro del debito per la Banca;

  4) La possibilità per la Banca di incassi maggiori rispetto alle sue alternative;

  5) La risoluzione per la Banca del problema relativo agli accantonamenti contabili a bilancio.

- La tua BUONA FEDE verso la Banca può essere utile perché a nessuna persona fa piacere di sentirsi in difetto verso un soggetto che è in una situazione di difficoltà oggettiva. Nessuno vuole fare la figura "del cattivo". Allo stesso tempo, però, devi anche ricordare che a nessuno piace, nemmeno, sentirsi preso in giro… soprattutto da chi ha un debito nei suoi confronti.

- Il problema dei COSTI di incasso può essere una buona "leva" da utilizzare in sede di trattativa. Ricordati, però, che NON dovrebbe essere utilizzata da sola ma assieme ad altre motivazioni.

- Un altro punto su cui ragionare quando stai organizzando una strategia per negoziare con la Banca è la valutazione dei suoi TEMPI DI INCASSO. Quando ti è possibile, cerca di prevedere sempre dei tempi di incasso più brevi rispetto alle alternative "canoniche" della Banca. Questo fatto può spingere il tuo interlocutore nel venirti incontro verso la chiusura di un accordo.

- Cerca sempre di prevedere le ALTERNATIVE della Banca rispetto a negoziare con te. Valuta sempre quali BENI può aggredire per soddisfare i suoi diritti creditori e quali AZIONI la Legge o i suoi "Enti di controllo" le permettono di intraprendere per raggiungere i propri obiettivi.

- Nel caso in cui la trattativa abbia necessità di una "spinta in più" ricordati del problema degli ACCANTONAMENTI CONTABILI A BILANCIO che la Banca deve effettuare a causa del debito che non le stai restituendo.

- Esistono almeno TRE situazioni che, se si verificano, rendono MOLTO più difficile una negoziazione con l'Istituto di

Credito. Tutti e tre questi casi rendono la B.A.T.N.A. della Banca più forte rispetto a quella del proprio cliente/debitore.

1. Il primo caso si verifica quando la Banca ha PIÙ GARANZIE per uno stesso credito.

2. Il secondo caso si verifica quando i beni a garanzia del debito hanno un valore nettamente SUPERIORE rispetto al debito stesso.

3. L'ultimo caso è quello del "RICATTO". Stai attento a quando si verifica. Sta solo a te trovare una soluzione per impedire che le Banche rinuncino al negoziato.

- Ricordarti sempre di RISTRUTTURARE il modo di pensare e di percepire la situazione della tua controparte. È fondamentale se vuoi riuscire a raggiungere un accordo.

Capitolo 8:
La B.A.T.N.A. del cliente/debitore

8.1 Quali sono i due motivi che ostacolano l'analisi delle proprie alternative?

Ogni volta che parlo con chi si trova in una situazione di conflitto verso la propria Banca vedo una persona spaventata e arrabbiata.

La PAURA e la RABBIA offuscano la mente della persona che sta provando tali emozioni e la spingono a comportarsi in maniera illogica e, qualche volta, molto stupida.

Come abbiamo visto nel capitolo 4, il grosso problema di farsi vincere dalla propria emotività è quello di non riuscire a rimanere lucidi per poter ragionare sulle proprie azioni e sulle proprie alternative. La rabbia, invece, spinge la persona a guardarsi intorno per cercare, in qualcun altro, la responsabilità di quello che gli sta accadendo. La induce, inoltre, a essere aggressiva e a non fidarsi di nessuno.

Come abbiamo appena detto, quando si è arrabbiati si rischia di cadere vittime del gioco del "**di chi è la colpa**".

Cercare nel proprio interlocutore la colpa di ciò che ci sta accadendo alimenta il conflitto e, di conseguenza, abbassa la possibilità di risolverlo positivamente e, soprattutto, in tempi brevi.

Cerco di spiegare meglio questo concetto:

Quasi ogni volta che ho a che fare con qualcuno che sta subendo un'esecuzione forzata della propria casa, ho di fronte a me una persona che dà la colpa dei propri guai e di quello che sta vivendo all'Istituto di Credito: *"la Banca mi sta portando via la casa anche se per cinque anni ho pagato il mutuo"*, *"le Banche sono degli usurai legalizzati... guarda quanto devo pagare ogni mese di rata, per forza non riesco più ad essere regolare con il mutuo"* ecc.

Queste persone sono vittime del gioco del "di chi è la colpa", in quanto stanno spostando la responsabilità delle proprie azioni verso la Banca invece che assumerla su di sé.

Sì… perché, anche se ci piacerebbe dare tutta la colpa all'Istituto di Credito, purtroppo, quasi sempre gran parte della responsabilità di quello che sta accadendo è proprio del debitore; a conti fatti **la Banca gli ha prestato dei soldi che HA UTILIZZATO e che NON sta restituendo...**

È un'affermazione "scomoda", lo so, ma purtroppo è vera.

Spostare la responsabilità di quello che sta accadendo sugli altri o sulla Banca distoglie il cliente/debitore dall'unica cosa importante da fare: **valutare le proprie alternative in maniera lucida e "strategica".**

Per interrompere questo gioco di attribuzione di responsabilità, di solito, cerco di far sì che la persona che ho di fronte veda quello che sta accadendo attraverso gli occhi della propria controparte.

Se, per esempio, un debitore mi dice:
- *"la Banca mi sta portando via la casa anche se per cinque anni ho pagato il mutuo".*

Allora io rispondo:

- *"se tu avessi prestato 100.000 euro a Tizio e quest'ultimo te ne avesse restituiti solamente 15.000, saresti disposto a rinunciare agli altri 85.000 euro anche se potresti recuperarli mettendo in vendita la casa del tuo debitore?"*.

Oppure, all'affermazione:

- *"le Banche sono degli usurai legalizzati... guarda quanto devo pagare ogni mese di rata, per forza non riesco più a essere regolare con il mutuo"*.

Io, di solito, rispondo:

- *"Ok, è molto, ma quando hai preso il mutuo non ti sei reso conto che, con il tuo stipendio, non eri in grado di pagare le rate? Se fossi nei panni di chi ti ha prestato il denaro, rinunceresti a recuperarlo?"* ecc.

Di solito, a queste affermazioni, la prima reazione del mio interlocutore è quella di "confusione"; poi, riesce a vedere la cosa dal punto di vista della sua controparte. Si calma e, anche se un po' "indispettito" dal mio ragionamento, diventa più propenso a prendere in considerazione le sue possibili alternative con una maggiore lucidità mentale.

Se, però, non sono così fortunato e il suo ego è uscito "ferito" dalla mia risposta, allora potrebbe affermare:

- *"ok, hai ragione, MA se non prendevo quel mutuo non potevo comprarmi casa. Come avrei dovuto fare?"*.

Al che, la mia risposta potrebbe essere:

- *"avresti potuto comprare una casa più piccola o che costava di meno, allungare il periodo del mutuo per abbassare le rate mensili, scegliere di non comprare casa ma andare in affitto fino a che la tua situazione economica non si fosse stabilizzata"* ecc.

Il punto, qui, NON è "di chi è la colpa" MA **"quali alternative abbiamo per risolvere il problema"**.

Se la tua mente rimane offuscata dalla rabbia o dal rancore NON riuscirai a ragionare lucidamente. Per questo motivo la mia strategia è quella di spostare su di me il focus mentale del debitore.

Con le mie domande e risposte lo induco a pensare, ad esprimere il proprio rancore rimasto sopito per lungo tempo e, anche se fa male, lo obbligo a "mettersi nei panni" del proprio creditore. Di solito questo gli dimostra che, se fosse stato al posto della Banca, avrebbe agito nello stesso modo. Questo processo riduce il livello di aggressività e predispone gli animi al ragionamento.

Ricorda sempre che quando incolpiamo gli altri per quello che non va della nostra vita stiamo fissando, inconsciamente, l'attenzione sul **LORO potere** e sul **NOSTRO ruolo di vittime**. Non teniamo in considerazione la parte che abbiamo avuto nel conflitto e ci dimentichiamo della possibilità che avevamo nella scelta su come comportarci.
Rinunciamo al NOSTRO potere di decidere della nostra vita.

Ci comportiamo così perché abbiamo paura.
Paura del futuro che ci attende. Paura di un possibile rifiuto della Banca a una nostra proposta. Paura di ammettere, anche con noi stessi, che abbiamo sbagliato nel prendere quella decisione (come se ci fosse qualche cosa di male nel commettere errori). E la paura ci frega… SEMPRE.

8.2 Come riuscire a valutare le proprie alternative: il "gioco delle domande"

Una volta che ci siamo calmati e abbiamo preso consapevolezza della nostra responsabilità in merito a quello che ci sta accadendo, viene la parte più difficile di tutto il processo: **valutare le nostre alternative in maniera oggettiva e distaccata.**

Questa fase è la più difficile da svolgere per il cliente/debitore, in quanto è molto facile lasciarsi andare, ancora una volta, alla paura e alla rabbia. Così facendo, però, si entra in un circolo vizioso dal quale è molto difficile uscire se si è da soli. Per questo motivo è molto utile il supporto di un'altra persona, esterna al problema, che ci possa aiutare a mantenerci concentrati sulle alternative piuttosto che sulla paura o sulla rabbia.

Per svolgere questo ruolo di "assistenza" sono molto adatti i propri consulenti oppure amici o parenti che NON siano coinvolti emotivamente nella questione.

Per il cliente/debitore della Banca questa è la fase di quello che chiamo il **"gioco delle domande"**.

Le regole del gioco sono solamente otto e sono molto semplici:
1) Bisogna osservare la situazione che si sta vivendo come se si

rivestisse il ruolo del narratore di una storia. Il punto di vista che si deve assumere, di conseguenza, è quello di una terza persona non coinvolta nei fatti;

2) Bisogna chiedersi quali siano le soluzioni da suggerire al protagonista della storia per poter risolvere il suo problema;

3) Si deve prendere nota di ogni idea, per quanto stupida possa sembrare (in questa fase dobbiamo valutare ogni alternativa, possibile o meno);

4) Una volta elencate tutte le possibili soluzioni, bisogna capire quali siano attuabili e quali no. Queste ultime vanno eliminate.

5) Le soluzioni che si considerano percorribili vanno analizzate con spirito critico e riscritte numerandole in ordine di rilevanza e fattibilità (quella che ha più possibilità di risolvere il problema e che sia più realizzabile in alto, la meno utile e fattibile in basso);

6) Dopo 24 ore, si deve ripetere il processo cercando di individuare altre soluzioni al problema;

7) Bisogna, poi, condividere i risultati raggiunti con qualcuno che ci possa aiutare a verificarne la percorribilità o la realizzabilità (un consulente, un amico ecc.). In questa fase si deve stare molto attenti al punto di vista dell'altra persona, alle sue

obiezioni o ai suoi suggerimenti;

8) In ultimo bisogna rivedere le proprie alternative tenendo conto dei suggerimenti del nostro "partner".

Restare oggettivi e "distaccati" sono le più grandi difficoltà per chi si sta cimentando in questo processo. Lo svantaggio in cui il debitore incorre se non riesce a rimanere lucido è quello di commettere errori di valutazione anche molto gravi.

Faccio un esempio:

Un errore frequente che compiono molte persone quando hanno la propria abitazione in vendita all'Asta è quello di decidere di riacquistarla attraverso la Procedura Esecutiva senza valutare altre alternative.

Mi spiego meglio:

Capita spesso che la casa messa in vendita all'Asta sia occupata dal debitore esecutato e dalla sua famiglia. Può accadere che il debitore, non conoscendo le varie opzioni che ha per poter risolvere la propria situazione, decida di fare la prima cosa che gli viene in mente per non perdere la propria abitazione e, cioè, partecipare all'Asta.

Ora… per Legge, lui non potrà farlo direttamente (perché la normativa in tema di esecuzioni prevede che TUTTI possano partecipare alla vendita del bene TRANNE il debitore che sta subendo l'esecuzione immobiliare) e, di conseguenza, cercherà di trovare una terza persona (un parente, un amico ecc.) disposto a prestargli il denaro necessario a riacquistare la propria casa e a partecipare alla vendita al posto suo.

A questo punto, che cosa accade se il debitore riesce a riacquistare la propria abitazione attraverso l'intervento di una terza persona?

Il risultato più ovvio è che il terzo che si era offerto di aiutare il debitore esecutato diventerà il proprietario formale dell'abitazione che ha acquistato. Il debitore, quindi, potrà rimanere ad abitare all'interno dell'immobile sino a quando i rapporti con l'attuale "padrone di casa" rimarranno buoni. Se, però, questi si dovessero "guastare" allora nulla potrà tutelarlo in maniera assoluta dal fatto di non dover, poi, lasciare la casa in cui sta vivendo.

Il risultato meno evidente è quello che, una volta aggiudicata la casa all'Asta, a causa della fortissima svalutazione dei beni immobili venduti tramite questa procedura, il creditore otterrà solo il parziale pagamento del proprio credito e, di conseguenza, il residuo rimarrà in capo al debitore che potrebbe subire nuove azioni esecutive (pignoramento dello stipendio, dei conti correnti, di altri beni di sua proprietà) oltre che vedersi costantemente segnalato alla Centrale Rischi della Banca d'Italia e alla C.R.I.F. come cattivo pagatore. Questo comporterà che il debitore non potrà più accedere al "mercato del credito" e ottenere prestiti o finanziamenti (fino a quando il suo debito non sarà estinto).

Nella vita di tutti i giorni ciò vuol dire che il debitore non avrà più la possibilità di comprare niente a rate, nemmeno un cellulare da poche centinaia di euro.

Inoltre, chi ha "aiutato" il debitore comprando la sua casa si vedrà aggiudicato un bene dal quale, molto probabilmente, non ricaverà mai un beneficio economico.

Quindi, che cosa ha veramente ottenuto il debitore con le sue

scelte?

Sicuramente NON la possibilità di ricominciare a vivere la propria vita in maniera serena. Deve sempre "guardarsi le spalle" da possibili azioni legali della Banca nei suoi confronti.

Di fatto, poi, NON è più il proprietario della casa che voleva disperatamente salvare e, purtroppo, NON lo potrà più essere perché il debito che aveva sulle spalle è ancora lì, sebbene leggermente diminuito nel totale.

Che cosa avrebbe potuto/dovuto fare se avesse ragionato in maniera lucida?

Se avesse trovato una persona disposta a prestargli dei soldi, avrebbe dovuto trattare con la propria Banca per ottenere uno stralcio del proprio debito. Così facendo **non ci sarebbero stati residui da pagare in futuro e, tempo tre anni, il debitore avrebbe ottenuto nuovamente una Centrale Rischi e una C.R.I.F. "pulita"**.

Per garantire la restituzione del prestito ottenuto dal terzo, si sarebbe potuto stipulare un contratto di *"Rent to Buy"* nel quale il soggetto terzo sarebbe diventato il proprietario (temporaneo) del bene ma il debitore si sarebbe vincolato a riscattarlo a rate per gli anni successivi.

Una volta trascorsi gli anni definiti nel contratto, il debitore sarebbe stato nuovamente proprietario dell'immobile e il soggetto che gli aveva prestato il denaro sarebbe stato interamente rimborsato delle somme anticipate.

Tutti vincono.

Per dimostrarti che le emozioni possono indurre la persona a commettere degli errori di valutazione, ti porto ad esempio un caso che ho seguito personalmente.

Qualche tempo fa assistevamo una signora molto "attaccata" alla propria abitazione. Era la casa dove aveva abitato con il marito e i figli e dove continuava a vivere da sola, a causa della morte del primo e del fatto che i secondi si erano trasferiti fuori Regione per lavoro.

La signora, che chiamerò Debora (nome di fantasia), oltre ad avere intestata la propria casa, aveva anche una modesta pensione che le permetteva di vivere decentemente.

Debora, per aiutare la propria figlia (che chiamerò Daniela, altro nome di fantasia) a comprare un appartamento, aveva commesso l'errore di firmare una fideiussione verso la Banca che avrebbe erogato il mutuo.

Dopo un paio di anni, purtroppo, la relazione di Daniela con il suo compagno era finita e, non riuscendo più a sostenere il pagamento del mutuo, Daniela aveva subito l'esecuzione forzata della casa che aveva acquistato. Quest'ultima era stata venduta all'asta.

Purtroppo la Banca non era riuscita a recuperare molto dalla vendita del bene e, così, aveva aggredito anche l'abitazione della garante, la madre di Daniela, Debora.

Debora venne da noi disperata e arrabbiata con la figlia e con la Banca. Non voleva perdere la propria abitazione e non voleva subire l'umiliazione di vedersi venduta la propria casa all'asta.

Il dialogo con lei non fu affatto semplice da gestire. Sebbene quell'immobile fosse oggettivamente troppo grande e troppo costoso da mantenere per Debora (l'abitazione misurava circa 130 mq e, di conseguenza, per risparmiare, la signora utilizzava abitualmente solo due stanze tenendo chiuse le altre) e vi fossero associati dei brutti ricordi (la malattia del marito e alcuni eventi familiari poco piacevoli), lei rifiutava nettamente l'opzione di lasciare la propria casa per venderla e trasferirsi in un appartamento più piccolo ed economico da gestire.

La sua mente era focalizzata solo sulla **paura del cambiamento** e sulla **rabbia** associata al fatto che stava perdendo la propria stabilità di vita per colpa delle scelte della propria figlia.

Voleva opporsi all'azione esecutiva posta in essere dalla Banca anche se non aveva nessun motivo oggettivo per sostenere l'eventuale causa legale. Nessun documento o prova a sostegno delle proprie ragioni.

Con il tempo e con tanta pazienza, riuscimmo a far ragionare in maniera "lucida" la signora e, assieme a lei, costruimmo una strategia che ci permise di chiudere la sua posizione debitoria e lasciarle "nelle tasche" un po' di denaro che utilizzò per andare a vivere in una casa più piccola e più facile da gestire (anche economicamente parlando).

Ora potresti pensare… *"ok ma, a conti fatti, Debora ha perso comunque la propria casa… non mi sembra una grande vittoria"*.

Il punto è proprio questo: Debora ha dovuto vendere la propria casa, è vero, MA è riuscita a vedere la sua situazione in maniera oggettiva e questo l'ha aiutata a prendere la **decisione migliore PER LEI.**

Se, come voleva fare inizialmente, avesse proposto opposizione agli atti esecutivi, la causa che ne sarebbe derivata l'avrebbe portata a sostenere altre spese (inutili) oltre che a inasprire i rapporti, già tesi, con l'Istituto di Credito.

Inoltre, visto che l'azione legale che voleva proporre non era basata né su "validi motivi", né su una documentazione "solida", non avrebbe ottenuto nulla se non, forse, un rinvio temporale della vendita all'Asta che però, prima o poi, si sarebbe comunque tenuta.

Ragionando in maniera oggettiva su quello che le stava accadendo, Debora ha capito che, "persa per persa", sarebbe stato meglio che fosse stata LEI a vendere la propria abitazione piuttosto che il Tribunale (evitando, così, anche "l'umiliazione pubblica" della procedura esecutiva). Scelta che le permise, inoltre, di riuscire a vendere il bene ad un prezzo sicuramente più alto di quello dell'Asta.

Il vantaggio di ciò fu che il denaro che ricavò dalla vendita fu utilizzato solo in parte per soddisfare la Banca creditrice. Debora impiegò il resto per cambiare casa e ricominciare a vivere serena.

Sicuramente non fu una scelta facile ma fu quella migliore che lei potesse prendere per tutelare i propri interessi.

Ragionando sulle alternative del cliente/debitore, il punto più importante da valutare riguarda proprio le **AZIONI LEGALI** da intraprendere a tutela dei propri interessi contro la Banca e, di conseguenza:

8.3 Quando mi conviene fare causa alla Banca?

All'atto pratico ci sono solo tre motivi (che possono essere "miscelati" tra loro in infinite sfumature) per fare una causa legale:

1. Quando si è nella ragione e si vogliono tutelare i propri diritti verso la parte che li sta violando;

2. Quando si è nel torto e, comunque, si vuole tentare la sorte giocandosi la carta del Tribunale;

3. Quando si vuole solo guadagnare del tempo rispetto ad un'azione legale già intrapresa dalla propria controparte. La cosiddetta azione legale "di disturbo".

La cosa fondamentale da sapere, PRIMA di fare causa a qualcuno, è che *"quando si inizia un'azione legale, si conosce il momento esatto in cui si entra in Tribunale ma NON si sa **quando** e **come** se ne uscirà"*.

Mi spiego meglio:

In tanti anni ho visto moltissime persone sottovalutare drasticamente la fase di preparazione di una causa legale. Molto spesso, chi aveva effettivamente ragione nel cercare di proteggere i propri diritti non la otteneva di fronte al Giudice.

Il motivo di tale risultato è difficile da individuare in termini assoluti ma, di solito, "pesava molto" il fatto di non avere TUTTA la documentazione necessaria a sostenere le proprie ragioni.

Come abbiamo visto nel capitolo 4, molto spesso capita che il debitore della Banca NON sia in possesso dei documenti necessari a ricostruire gli "illeciti" dell'Istituto di Credito (quando sono presenti). In questo caso è molto rischioso fare causa perché, al contrario, la propria controparte avrà TUTTA la documentazione che le serve per dimostrare che la colpa di quello che sta accadendo non è sua ma del cliente/debitore.

A questo punto, però, l'obiezione che potresti sollevarmi potrebbe essere la seguente:
- *"Per fare una causa è necessario un avvocato. Sarà lui a dirmi se i documenti che ho in mano sono sufficienti o meno ad ottenere ragione in Tribunale".*

In linea di massima **dovrebbe** essere così. Il problema è che, come abbiamo detto in precedenza nel capitolo 5, non tutti i legali sono specializzati nella risoluzione del problema che stai ponendo loro e, visto che anche gli avvocati sono degli esseri umani, potrebbero sottovalutare l'importanza di avere determinati documenti piuttosto che altri.

Capita che alcuni consulenti, poi, cerchino di portare avanti la "linea di condotta" suggerita dal proprio cliente senza starsi a interrogare troppo su quello che potrà succedere una volta presentata la causa. Il motivo di questo comportamento sta nel fatto che il cliente, come abbiamo detto prima, di solito è spaventato e arrabbiato per quello che gli sta capitando e, di conseguenza, cerca di difendersi attaccando a sua volta.
Qualche volta con il solo scopo di guadagnare del tempo.

In questi casi il legale potrebbe tentare di spiegare al proprio assistito quali rischi corra a intraprendere la "via del Tribunale" ma quest'ultimo potrebbe NON essere disposto ad ascoltare i consigli del proprio consulente insistendo nel voler agire giudizialmente.
A questo punto le scelte per l'avvocato sono solamente due e saranno determinate unicamente dall'etica del lavoro propria del

singolo professionista.

In questi casi il legale può:

1. rinunciare al proprio cliente in quanto quest'ultimo non desidera seguire i suoi consigli;

2. accontentare il proprio assistito, pur sapendo che quest'ultimo non ricaverà nulla di utile da un'eventuale causa.

Altre volte, i legali appoggiano la scelta di fare causa perché, per loro esperienza, hanno visto che un determinato Giudice è più sensibile di altri alla situazione del "debitore medio" e cercano di approfittarsi della cosa oppure perché vogliono cercare di ottenere una piccola leva in più per una, eventuale, trattativa. In conseguenza di ciò provano a intraprendere un'azione legale un po' "traballante", consci del rischio di uscirne perdenti.

Il punto, però, è che tutto questo ha un COSTO, in termini di denaro, di tempo speso e di relazioni compromesse.

La causa legale è un **costo** per il debitore che si troverà ad anticipare le spese vive (marche da bollo, contributo unificato, notifiche ecc.) e di consulenza (del proprio avvocato e dei vari periti che verranno chiamati a sostenere la propria linea difensiva ecc.).

La causa legale è un **investimento di tempo**, in quanto si prolungherà per molti anni, durante i quali si vivrà sempre con il pensiero che qualche cosa possa andare male.

In più, se la causa in primo grado non avesse l'esito sperato si potrebbe, comunque, procedere in appello e, se andasse male anche quest'ultimo, si potrebbe tentare, come ultima opzione, un ricorso in Cassazione.

Tempo… tanto, *troppo*, tempo speso in Giudizio.

La causa legale, infine, **rischia di compromettere la relazione** con il proprio Istituto di Credito che, di conseguenza, potrebbe "farcela pagare" in seguito, quando si presenterà l'occasione di una, eventuale, trattativa.

Fatta questa premessa che ritengo doverosa, NON voglio assolutamente dire che un'azione legale nei confronti della propria controparte Banca non si debba fare MA è assolutamente necessario che gli "effetti collaterali" di questa opzione non vengano MAI sottovalutati.

Vale la pena di assumersi questo "costo" (economico, di tempo e relazionale) **SOLAMENTE se si hanno delle concrete possibilità di riuscire a centrare il proprio obiettivo...** **qualunque esso sia.**

Se, quindi, decideremo di "muovere guerra" alla Banca dovremo agire con intelligenza e preparare una strategia accurata.
A tal riguardo, una delle frasi in cui mi riconosco di più è quella che dice: "***si vis pacem para bellum***" che, liberamente tradotta dal latino, significa: "*se vuoi la pace prepara la guerra*".

Come una vera e propria guerra, la causa legale NON è una cosa che si possa improvvisare. Alle volte ci vogliono mesi per raccogliere la documentazione necessaria, per strutturarla, per portare la propria controparte a commettere quel "passo falso" che, poi, utilizzeremo contro di lei di fronte al Giudice.

Per questi motivi è molto importante NON arrivare ad organizzare l'azione legale all'ultimo minuto disponibile (cosa che, purtroppo, capita molto spesso, per colpa di quanto detto al capitolo 4).

La fretta porta a commettere errori. Gli errori portano a non ottenere la ragione di fronte al Giudice. Uscire perdenti dalla causa comporta ULTERIORI SPESE a carico del debitore e l'aggravarsi della sua situazione. Proprio il contrario di quello che vogliamo ottenere.

Bisogna, poi, tenere anche in considerazione che, se una causa viene impostata bene dal proprio legale, può essere anche utilizzata come ulteriore **leva per una trattativa** futura.

Una volta che l'avvocato della vostra controparte avrà potuto valutare la bontà o il peso della vostra linea difensiva nei confronti della Banca, potrà consigliare a quest'ultima di cercare un accordo con voi PRIMA che sia il Giudice ad esprimersi con una sentenza.

Faccio un esempio:

Qualche anno fa ho seguito, in team con un avvocato e un commercialista, una pratica dove un imprenditore contestava la validità di una fideiussione a suo carico e il conseguente pignoramento della propria abitaz

ione da parte della Banca.

In poche parole, la storia era la seguente:

L'azienda dell'imprenditore (che chiamerò Enzo) produceva beni "di lusso" e aveva uno scoperto di conto corrente ed altre linee di credito aperte presso la "Banca X" per garantire il regolare svolgimento di tutte le attività, per un totale di, circa, 250.000 euro.

Per qualche strano motivo, questi crediti vantati dalla Banca NON erano garantiti in alcun modo (nessuna fideiussione o ipoteca).

Dopo qualche anno, per colpa di scelte imprenditoriali sbagliate e del fatto che due grandi clienti avevano cambiato fornitore, l'azienda incominciò ad andare in crisi. Fino a che, dopo due anni "di agonia", chiuse definitivamente i battenti.

Tale situazione aveva comportato che la Banca era rimasta creditrice di circa 180.000 euro. Credito che, però, non poteva recuperare perché l'azienda NON aveva più nulla. Il magazzino non conteneva più niente e gli uffici e il capannone dove veniva svolta l'attività lavorativa erano in affitto. Praticamente la società era "una scatola vuota".

Enzo, ormai settantenne, era dispiaciuto di aver dovuto chiudere la propria attività senza poter rimborsare i debiti che aveva contratto con la Banca ma la vita va così... *"una volta vinci ed una volta perdi"*, e questa volta era toccato all'Istituto di Credito perdere.

A distanza di qualche mese dalla formale chiusura dell'attività di impresa, però, Enzo si vide recapitare a casa una lettera di messa in mora da parte della Banca dove gli si richiedeva il pagamento dell'intera somma che la sua società doveva all'Istituto di Credito (più interessi e spese legali) in virtù di una "fantomatica" fideiussione che lui aveva firmato per garantire il debito della sua azienda.

In totale la Banca gli richiedeva il pagamento di, circa, 190.000 euro. Se non avesse provveduto a saldare quel debito, l'Istituto di Credito avrebbe messo all'asta la sua abitazione.

Enzo era sgomento. Lui non aveva MAI firmato una fideiussione per garantire quel vecchio debito della sua società.

Ne era sicuro.

Per averne, però, la certezza matematica coinvolse il proprio commercialista e, assieme a lui, verificarono tutta la documentazione che avevano in archivio.

Di questa fideiussione non c'era traccia.

Il commercialista, poi, ci coinvolse nella questione e noi andammo a chiedere chiarimenti alla Banca.

Inizialmente, l'impiegato della Banca non voleva mostrarci la documentazione in suo possesso ma noi, con le dovute "pressioni", riuscimmo comunque ad ottenere una copia di tale contratto.

L'atto con il quale Enzo si impegnava a pagare i debiti della propria società esisteva veramente MA c'era qualcosa che non tornava.

Innanzitutto **la data** nel quale era stato sottoscritto: tre mesi DOPO la chiusura della società... chi mai, sano di mente, garantirebbe un debito con tutto il proprio patrimonio personale quando è già al corrente del fatto che la società garantita ha chiuso definitivamente la propria attività e non potrà più restituire le somme ottenute?

Solo un pazzo lo farebbe ed Enzo NON era un pazzo.

La seconda cosa che non tornava erano **le firme**: tre... una diversa dall'altra, quasi fossero state apposte in momenti temporali differenti.

Alla fine, con l'aiuto dell'imprenditore che, per sua natura, teneva sempre conto di tutto quello che faceva su un'agenda, ricostruimmo gli eventi.

Enzo era andato altre tre volte in Banca da quando aveva chiuso l'attività: una per estinguere il conto corrente aziendale e le altre due per motivi personali legati ad un suo piano di investimento.
In quelle occasioni l'impiegato della Banca gli aveva fatto

firmare, per ben due volte, un plico di fogli; documentazione che non aveva letto, fidandosi della persona che aveva di fronte.

L'ultima volta che Enzo si era recato in Banca era stato proprio tre mesi dopo la chiusura dell'azienda, il giorno in cui era stata firmata la fideiussione.

Enzo era stato ingannato e truffato!

Dopo un paio di mesi di lavoro e di raccolta di tutte le prove e di tutta la documentazione necessaria a sostenere le nostre ragioni in Tribunale, eravamo pronti per affrontare una causa civile e una penale contro l'Istituto di Credito. Oltre ad aver chiesto al Giudice di esprimersi sulla nullità della fideiussione avanzammo anche la pretesa di un "corposo" risarcimento del danno morale e materiale patito da Enzo nei confronti della Banca.

Dopo qualche tempo dall'avvio della causa civile, la nostra controparte, vistasi messa alle strette, anche dall'atteggiamento del Giudice nei confronti di quello che gli avevamo provato, ci contattò e, dopo qualche settimana di negoziazioni, trovammo un accordo.

Quella fideiussione venne "cestinata" ed Enzo ottenne il rimborso delle spese che aveva sostenuto in cambio della rinuncia alla causa civile e alla denuncia penale che avevamo intentato.

Esattamente quello che voleva lui.

La persona che aveva fatto firmare quel documento a Enzo venne allontanata da quella filiale e non ne sapemmo più nulla.

Fu possibile raggiungere questo risultato per tre motivi:

1. Il team che il commercialista di Enzo aveva messo insieme era composto da professionisti competenti di quella determinata materia e in grado di costruire una strategia vincente;

2. Avevamo avuto il tempo materiale per creare una buona linea difensiva contro la Banca, raccogliere tutte le prove che ci servivano per sostenere le nostre motivazioni e per scrivere gli atti processuali;

3. Decidemmo di rinunciare ad ottenere in Tribunale il risarcimento del "presunto" danno morale e materiale (che forse il Giudice NON ci avrebbe concesso) per ottenere in cambio la possibilità (concreta) di raggiungere un accordo

certo e più vantaggioso per il nostro assistito.

Un errore molto grave, infatti, è quello di rinunciare a cercare un accordo con la Banca DOPO che si è iniziata una causa.

Ricorda sempre che, **di fronte al Giudice, NON c'è nulla di certo. Oggi puoi avere ragione ma domani potresti avere torto.** Qualche volta è meglio e più produttivo adeguarsi al detto: *"meglio un uovo oggi che una gallina domani"*.

SEGRETO n. 14

Fai causa alla Banca SOLO quando hai una ragionevole possibilità di riuscire ad ottenere il risultato sperato. NON sottovalutare MAI i costi (economici, di tempo e relazione) associati ad un'azione legale.

Preparati a "muovere guerra" alla Banca solamente quando:

1. hai tutta la documentazione che ti serve per provare al Giudice che hai ragione;

2. sei assistito da consulenti in grado di creare una solida strategia per tutelare i tuoi interessi;

3. hai del tempo a disposizione per lavorare con calma e senza fretta. Se non hai tempo a disposizione, tutto sarà più difficile.

RIEPILOGO DEL CAPITOLO 8:

- La PAURA e la RABBIA offuscano la mente e ti spingono a comportarti in maniera illogica e, qualche volta, molto stupida.

- Cerca di non cadere vittima del gioco del "di chi è la colpa". Ricercare la colpa di ciò che ci sta accadendo nel proprio interlocutore alimenta il conflitto e, di conseguenza, abbassa la possibilità di risolverlo in tempi brevi e positivamente.

- Se la tua mente rimane offuscata dalla rabbia o dal rancore NON riuscirai a ragionare lucidamente. Il punto, qui, NON è "di chi è la colpa" MA **quali alternative abbiamo per risolvere il problema**.

- Valutare le nostre alternative in maniera oggettiva e distaccata è un procedimento molto difficile.

- Esercitati nel "gioco delle domande" per trovare una soluzione ai tuoi problemi.

    1. Osserva la situazione che stai vivendo come rivestissi il ruolo del narratore di una storia. Assumi il punto di vista di una terza persona non coinvolta nei fatti;

    2. Chiediti quali siano le soluzioni da suggerire al protagonista della storia per poter risolvere il suo problema;

    3. Prendi nota di ogni idea, per quanto stupida possa sembrare

(in questa fase dobbiamo valutare ogni alternativa, possibile o meno);

4. Una volta elencate tutte le possibili soluzioni, devi cercare di capire quali siano attuabili e quali no. Queste ultime vanno eliminate;

5. Le soluzioni che si considerano percorribili vanno analizzate con spirito critico e riscritte numerandole in ordine di rilevanza e fattibilità;

6. Il giorno dopo ripeti tutto il procedimento cercando di individuare altre soluzioni al problema;

7. Condividi i risultati raggiunti con qualcuno che ti possa aiutare a verificarne la percorribilità o la realizzabilità (un consulente, un amico ecc.). Fai molta attenzione al punto di vista dell'altra persona, alle sue obiezioni o ai suoi suggerimenti;

8. In ultimo devi rivedere le tue alternative tenendo conto dei suggerimenti del tuo "partner".

- Se tra le tue alternative c'è anche quella di affrontare una causa legale contro la Banca ricordati sempre che: *"quando si inizia un'azione legale, si conosce il momento esatto in cui si entra in Tribunale ma NON si sa **quando** e **come** se ne* *uscirà"*.

- Affrontare una causa legale è un costo per il debitore in termini economici, di tempo e di relazioni. Valuta sempre questi tre parametri PRIMA di cimentarti in un'azione giudiziale.

- **Vale la pena di assumersi questo "costo"** (economico, di tempo e relazionale) **solamente se si hanno delle concrete possibilità di riuscire a centrare il proprio obiettivo... qualunque esso sia**.

- Preparati a "muovere guerra" alla Banca solamente quando:
  1. hai tutta la documentazione che ti serve per provare al Giudice che hai ragione;
  2. sei assistito da consulenti in grado di creare una solida strategia per tutelare i tuoi interessi;
  3. hai del tempo a disposizione per lavorare con calma e senza fretta. Se non hai tempo a disposizione, tutto sarà più difficile.

SEZIONE TERZA

LE NEGOZIAZIONE

"Con ordine affronta il disordine; con calma, l'irruenza. Questo significa avere il controllo del cuore".

Sun Tzu, *L'arte della guerra*

Capitolo 9:
Come prepararsi alla negoziazione

9.1 Quali sono i cinque requisiti che permettono di raggiungere un accordo con la Banca?

Come abbiamo detto all'inizio di questo libro, il vero segreto di una buona negoziazione è solamente **LA PREPARAZIONE**. Se vuoi riuscire a risolvere i tuoi problemi con il tuo Istituto di Credito non devi fare altro che essere preparato.

La maggior parte delle trattative, infatti, sono vinte o perse addirittura PRIMA di iniziare un confronto con la propria controparte e, come potrai facilmente intuire, la vittoria o la sconfitta, quasi sempre, dipendono dal proprio livello di preparazione (e, proprio per questo motivo, due terzi di questo libro fanno riferimento alla fase preparatoria e solamente un terzo a quella di negoziazione vera e propria).

Ma, all'atto pratico, cosa intendo dire quando parlo di preparazione?

Essere preparati alla negoziazione con la propria Banca o Finanziaria vuol dire **avere le idee molto chiare del risultato che si vuole ottenere e del modo in cui si vorrebbe raggiungerlo**.

Essere preparati alla negoziazione, però, vuol dire anche essere consapevoli del fatto che riusciremo a raggiungere il nostro obiettivo SE E SOLO SE *anche* l'Istituto di Credito raggiungerà il suo.

Negoziare vuol dire che ENTRAMBE le parti ottengono quello che desiderano.

Come ti ho già anticipato nel titolo di questo capoverso, esistono cinque elementi su cui riflettere molto bene prima di iniziare una trattativa con la Banca. Questi cinque elementi permettono il raggiungimento di un buon accordo per entrambe le parti e, nello specifico, sono:

1. la valutazione degli INTERESSI di tutti i soggetti coinvolti;
2. l'analisi delle OPZIONI esistenti per riuscire a soddisfare quegli interessi;
3. la ricerca di DATI OGGETTIVI e MODELLI DI EQUITÀ in

grado di soddisfare entrambe le parti;

4. la valutazione delle ALTERNATIVE alla negoziazione;

5. la formulazione di valide PROPOSTE per il raggiungimento di un accordo.

Se hai letto con attenzione i capitoli precedenti, alcuni di questi concetti non ti saranno nuovi. Adesso, però, dobbiamo focalizzarci sul loro utilizzo per la preparazione di una buona strategia. Ricordati: più sarai preparato, più possibilità avrai di raggiungere un buon accordo con la Banca. Non puoi pensare di uscire vittorioso in uno scontro contro un carro armato se sei armato solo di un coltello. Finiresti schiacciato.

SEGRETO n. 15

Per trovare le risposte giuste ai tuoi quesiti devi, innanzitutto, porti le domande giuste. Devi essere sempre concentrato sul "perché" di ogni singolo comportamento della tua controparte o di un suo, eventuale, rifiuto alla tua proposta.Porti delle domande ti permette di ragionare in maniera oggettiva sulle risposte e questo ti aiuta nel formulare una buona strategia per la negoziazione.

9.2 Gli INTERESSI delle parti

Come abbiamo detto prima, la negoziazione è un processo in cui, per trovare una soluzione a un problema, bisogna soddisfare gli interessi di *tutte* le parti.

In una trattativa **nessuno è obbligato ad accettare un accordo** se i suoi interessi non sono soddisfatti.

Quando ti trovi a negoziare con qualcuno, esiste una netta differenza tra quello che vorresti ottenere dalla trattativa e i tuoi interessi riguardo a una data situazione.

Se, per esempio, stai negoziando con la Banca per abbassare le rate del mutuo, quello che vorresti ottenere è una rata mensile più bassa mentre il tuo interesse potrebbe essere quello di raggiungere la tranquillità derivante dal sapere che sarai in grado di pagare ogni mese il tuo debito senza dover fare troppi sacrifici.

Di fatto, la differenza tra quello che vorresti ottenere e i tuoi interessi sta tutta qui: il primo rappresenta la cosa concreta che desideri avere a seguito della trattativa mentre gli interessi che ti spingono a negoziare sono i tuoi bisogni, le tue preoccupazioni, i tuoi desideri.

Per riuscire a raggiungere un accordo in una trattativa con la

Banca DEVI sempre riuscire a capire quali siano gli interessi di entrambe le parti.

In primis, **cerca i TUOI veri interessi.**

Questa frase non è, poi, così scontata come può sembrare. Quando parlo con le persone che stanno subendo un'azione giudiziale da parte della Banca, infatti, mi rendo conto che queste NON hanno chiari i propri interessi. Lo abbiamo già detto prima: la rabbia e la paura offuscano le loro menti.

Queste persone sono concentrate su "che cosa vorrebbero" ma non sul "perché" desiderano ottenere quel risultato.

Il problema è che, però, se non sai dove vuoi andare e "perché" ci vuoi andare, è molto difficile che raggiungerai la tua meta.

Come ti ho anticipato con il segreto n. 15, per capire quali siano veramente i tuoi interessi devi solamente porti delle domande.

Chiediti:

- *"perché voglio ottenere questa cosa dalla Banca? Quale problema sto cercando di risolvere?"*.

Una volta che ti sarai dato una risposta, scrivila e continua a chiederti: *"perché voglio ottenere questa cosa?"*, fino a quando sarai giunto al punto che non riuscirai più a trovare un ulteriore "perché" quello sarà il VERO interesse alla base della tua trattativa.

Mi spiego meglio:

Se, per esempio, vuoi negoziare con la Banca una rata mensile più bassa potresti chiederti: *"perché ho bisogno di pagare di meno ogni mese?"*.

La risposta potrebbe essere: *"perché ho bisogno di più soldi"*.

Quindi, a questo punto ti dovrai chiedere: *"perché ho bisogno di più soldi ogni mese?"*.

In questo caso la risposta potrebbe essere: *"perché ho dei figli piccoli e ho bisogno di più denaro per avere cura di loro"* ecc.

In questo caso, quindi, il tuo vero interesse è quello di riuscire a tutelare i tuoi figli. Il denaro che vorresti risparmiare ogni mese sulla rata del mutuo non è destinato a essere speso in vestiti o aperitivi ma per la salute della tua famiglia.

Ora che conosci il tuo vero INTERESSE puoi usarlo nella trattativa, sia per giustificare la tua richiesta alla Banca, sia per valutare le alternative che ti si pongono di fronte.

Il secondo passo è quello di ragionare sui possibili **interessi della Banca**. Qui la cosa si fa più semplice.

Gli interessi dell'Istituto di Credito sono abbastanza "limitati" rispetto ai tuoi. In primis la Banca potrebbe voler mantenere "sano" il suo rapporto con i propri clienti. Molte Banche sono realtà territoriali e, quindi, hanno interesse che la propria reputazione verso "l'esterno" sia sempre buona.

Altro interesse di TUTTI gli Istituti di Credito (nessuno escluso) è quello di **massimizzare i propri incassi e limitare al minimo le proprie perdite**.

Nulla di più.

Come abbiamo detto al capitolo 2, però, il vero problema/opportunità di negoziare con un Istituto di Credito è che noi avremo a che fare con una persona durante tutta la trattativa, NON con la Banca vera e propria.

Come abbiamo già visto, ogni persona con cui dovrai trattare sarà spinta dalle proprie motivazioni e dai propri interessi. Proprio come te, l'individuo con cui inizierai una negoziazione avrà il proprio modo di pensare e di vedere i fatti che gli si pongono di fronte.

Ricordati sempre che i fatti sono importanti ma, all'atto pratico, **è ancora più importante la PERCEZIONE che le persone hanno di quei fatti.** Approfondiremo questo argomento quando parleremo dei "dati oggettivi" che dovrai fornire alla tua controparte per la costruzione dei c.d. "modelli di equità".

Se vuoi riuscire a convincere il tuo interlocutore che le tue motivazioni sono ragionevoli e che, anche per il suo bene, dovrebbe raggiungere un accordo con te, prima di tutto **DEVI metterti nei suoi panni.** Come abbiamo già visto nel capitolo 3, una volta compreso il SUO punto di vista e la SUA percezione dei fatti, potrai provare a modificare il suo modo di pensare e di vedere quello che sta accadendo, guidando così la negoziazione.

A questo punto ti potresti chiedere: *"ho capito, mi devo mettere nei panni della persona con cui dovrò trattare ma, alla fine, come devo fare?"*.
Innanzitutto, devi capire con CHI devi trattare. Molto spesso i crediti delle Banche vengono ceduti a soggetti terzi (la c.d.

cessione del credito di cui abbiamo parlato al capitolo 7) e, di conseguenza, dovrai cercare di individuare la società che, in quel momento, sta gestendo la tua posizione e contattarla.

Cerca delle informazioni sul tuo interlocutore (sia esso una persona oppure una società); internet funziona benissimo per questo scopo.

Se non trovi nulla oppure se non conosci ancora l'identità della persona con cui dovrai relazionarti, niente paura. Chiama l'ufficio preposto a trattare la tua pratica e fatti mettere in contatto con il soggetto che ha in mano il tuo fascicolo. A questo punto presentati e presta attenzione al tuo interlocutore.

Cerca di capire che tipo di soggetto sia l'individuo con cui dovrai negoziare. Valuta le tue impressioni sulla persona che hai di fronte o con cui stai parlando: è un uomo o una donna? Sembra un soggetto formale oppure è un individuo "alla mano"? Appare come una persona scontrosa oppure allegra? Sembra un soggetto disposto a venirti incontro oppure è una persona rigida e ottusa?

Cerca di valutare il tuo interlocutore ponendoti delle domande e mantenendo sempre una visione oggettiva di ciò che hai di fronte.

Non farti condizionare dalla naturale antipatia che proverai per lui/lei in quanto tuo naturale "antagonista".

Alla fine di questo libro, se metterai in pratica quanto avrai letto, sarai in grado di trasformare la tua controparte in un alleato fondamentale nella trattativa, come faccio io quando mi trovo a negoziare per i miei clienti. Questa è la mia vera "arma segreta"; quello che mi ha permesso, fino ad oggi, di chiudere più del 90% delle trattative con gli Istituti di Credito.

Stila una tua valutazione scritta della tua controparte. Chiediti quale sia il suo modo di vedere la questione che sta trattando con te. Quali problemi potrà avere nel venirti incontro, oppure se sarà una persona corretta (o meno) in sede di trattativa.

Più informazioni raccoglierai, più sarà accurata la tua valutazione della persona con cui stai trattando, più facilmente potrai capire il tuo interlocutore e anticipare le sue obiezioni o le sue strategie.

9.3 Le possibili OPZIONI

Immagina che sia il giorno del tuo compleanno e che tu lo stia festeggiando con una persona a te cara. Hai di fronte a te una torta che basta a malapena per voi due. Stai preparandoti per tagliare il tuo dolce quando, inaspettatamente, arriva un'altra persona a te cara. Adesso siete in tre e non vuoi escludere l'ultimo arrivato dai festeggiamenti ma, così facendo, la torta non basta per tutti.

Le uniche due soluzioni per non lasciare nessuno "a bocca asciutta" sono quelle di tagliarla in tre fette più piccole oppure di "allargare la torta" (magari dividendo quel dolce in tanti pezzetti e trasformandolo in tanti "assaggi" oppure aggiungendo a quella torta anche altri dolci ecc.).

Nella negoziazione DEVI percorrere quest'ultima strada: DEVI "allargare la torta". Per farlo devi pensare "fuori dagli schemi", devi inventare più OPZIONI che possano essere interessanti per entrambe le parti.

Quando ti stai preparando ad affrontare una trattativa devi sempre dedicare del tempo per creare molteplici soluzioni al problema. Se ti fermerai solo alla prima idea che ti viene in mente non avrai molte alternative da proporre se otterrai un rifiuto dalla tua controparte.

Se ti aprirai alla possibilità di considerare molteplici opzioni riuscirai a generare nuove possibilità. Tra queste ce ne potrebbero essere alcune in grado di soddisfare sia i tuoi interessi sia quelli della Banca. Saranno proprio queste che dovrai proporre al tuo interlocutore per "ampliare la torta".

Anche qui, l'ostacolo più grande che ti si può porre di fronte sei proprio tu: quella vocina interiore che ti dice che quello che stai pensando non funzionerà e che non hai nessuna alternativa valida da proporre alla tua controparte.

Quando cerchi delle opzioni per "allargare la torta" NON ascoltare quella vocina interiore. Scrivi tutto quello che ti viene in mente, anche le idee più "strampalate".

Dopo aver messo "nero su bianco" quelle prime opzioni, prenditi del tempo per analizzarle, revisionarle e cercare di perfezionarle per renderle accettabili dall'Istituto di Credito (anche in virtù di quello che hai letto fino ad ora). Nel farlo, tieni sempre in considerazione gli interessi di tutti i soggetti coinvolti nella trattativa e tutto quello che hai potuto capire sulla persona con cui stai negoziando.

Ricordati sempre che un buon negoziatore NON si accontenta della torta che si trova di fronte ma cerca sempre di allargarla creando, così, nuove opportunità per tutte le parti.

9.4 I DATI OGGETTIVI e i MODELLI DI EQUITÀ

Una volta che siamo riusciti ad "allargare la torta" dobbiamo pensare a come presentare la spartizione di quest'ultima alla nostra controparte.

Il problema che ci dobbiamo porre, in questa fase della preparazione alla negoziazione, è COME dobbiamo prospettare le nostre opzioni all'Istituto di Credito.

Mi spiego meglio:

Se, trattando con la Banca per un debito di 100.000 euro, mi presento al mio interlocutore e, di punto in bianco, gli offro 40.000 euro pretendendo uno stralcio del residuo, la sua risposta immediata sarà sicuramente un "no".

Se, però, quando mi presento da lui, parlando ed esponendo i fatti, gli faccio presente:

- che l'abitazione presenta degli abusi edilizi (documentati con una relazione tecnica);
- che il valore di quel bene sul mercato libero è inferiore rispetto alle aspettative della Banca ed ammonta a circa 40.000 euro (fornendo un elenco di immobili simili a quello di mia proprietà che sono stati venduti a prezzi vicini a quella cifra);
- che, se venduto in asta, quel bene verrà aggiudicato ad un prezzo molto inferiore ai 40.000 euro offerti (anche qui, fornendo un elenco di Aste di immobili analoghi al mio venduti ad un prezzo molto al di sotto di quello offerto);
- che, valutando i loro costi per l'esecuzione, "alla fine dei giochi" si ritroveranno con molti meno soldi in mano di quelli che gli sto offrendo in questo momento;
- che io, come debitore, NON ho un lavoro stabile (quindi nessuno stipendio da pignorare) e che NON possiedo nessun altro bene all'infuori della mia abitazione;

Se farò tutto questo, sarà molto più probabile che la mia offerta di uno stralcio per 40.000 euro sia presa in considerazione dal mio interlocutore e presentata ai propri superiori per essere deliberata dalla Banca.

Tutta la documentazione che presenterò al mio interlocutore a sostegno delle mie affermazioni dovrà essere costituita da **dati oggettivi**, incontestabili e verificabili; una volta presentati questi dati oggettivi, sarà facile costruire, su di loro, dei modelli di equità che mi permetteranno di risolvere il mio problema.

I **modelli di equità** sono dei criteri oggettivi che NON derivano dal mio volere o da quello della mia controparte.

Per esempio, rappresenta un modello di equità il c.d. "prezzo di mercato libero" per un immobile in vendita, oppure le percentuali di ribasso, fissate per Legge, al prezzo di vendita di un bene in sede di Asta Giudiziale.

L'offerta di stralcio del debito per 40.000 euro, DOPO la presentazione di tutti i dati oggettivi a sostegno di tale importo, potrà essere accettata dalla Banca con più facilità in quanto i modelli di equità forniti a quest'ultima le permettono di ragionare meglio e in maniera più "realistica" sul tuo caso specifico.

Ricordati sempre che, come abbiamo visto al capitolo 3, chi ha in mano la tua pratica molto probabilmente avrà una **visione**

distorta della tua situazione. Sta a te cercare di fargli capire che il suo punto di vista NON è corretto.

Per fare ciò, NON cercare di convincere la tua controparte a rinunciare ai propri interessi: RISTRUTTURA la sua visione dei fatti e cerca di fornirgli dei **dati oggettivi** e dei **modelli di equità** che possano essere accettabili dall'Istituto di Credito.

SEGRETO n. 16

Fornisci alla Banca dei dati oggettivi a supporto delle tue opzioni. Non forzare la mano della tua controparte ma invitala a ragionare sui modelli di equità che hai individuato. Guidala durante la trattativa e portala a vedere i fatti dal **tuo** punto di vista.

9.5 Le ALTERNATIVE alla negoziazione

Nei capitoli 6, 7 e 8 abbiamo analizzato molto in profondità il problema delle alternative alla negoziazione (B.A.T.N.A.). Come abbiamo più volte detto in quelle pagine, **le tue alternative sono la chiave del tuo potere durante la trattativa;** in conseguenza di ciò, migliore è la tua B.A.T.N.A., maggiore sarà la tua forza durante la negoziazione.

In fase di preparazione, quindi, DEVI identificare TUTTE le tue alternative. Per fare ciò, in primis, raccogli tutta la documentazione relativa alla tua situazione e poi analizza il tuo debito (hai dei garanti? hai altri beni che la Banca può "aggredire"? hai un lavoro a tempo indeterminato? ecc.).

Devi avere tutti gli strumenti per valutare in maniera oggettiva la tua condizione e per capire come la tua controparte vede te e la tua situazione.

Giunto a questo punto dovresti avere chiari in mente i tuoi INTERESSI. Cerca di individuare altri modi per raggiungerli.

Cerca di capire se puoi ancora risolvere la situazione o se sei arrivato al "punto di rottura" dei rapporti con la Banca.

Trova un professionista che possa valutare, assieme a te, se hai delle possibilità di vittoria facendo una causa legale all'Istituto di Credito.

Valuta con attenzione ogni possibile alternativa alla negoziazione e stila una lista delle tue idee. In alto vanno quelle che potrebbero portare maggiori risultati mentre in basso devono essere scritte quelle meno percorribili.

In ultimo, DECIDI se, per te, è meglio negoziare oppure se la via da seguire può essere un'altra (magari una causa legale).

Anche in questa fase, cerca di vedere la questione in maniera oggettiva e distaccata.

Ricordati sempre che è molto facile sopravvalutare la propria B.A.T.N.A. (soprattutto se hai scelto di farti assistere da un consulente inesperto o troppo sicuro di sé).

Non commettere MAI questo errore, le conseguenze potrebbero essere disastrose per te.

Dopo che avrai individuato le tue alternative, cerca di capire quali siano quelle della Banca. Anche qui, fai tesoro di quanto abbiamo detto nei capitoli precedenti.

Il mio consiglio è sempre quello di farti assistere in tutto questo procedimento da qualcuno che sia esperto della materia.

Ricordati sempre che per riuscire a raggiungere il tuo obiettivo devi superare una grossa sfida: **devi far sì che la tua proposta sia MIGLIORE rispetto alle alternative che ha la Banca** (nei tuoi confronti).

Una volta che avrai individuato le alternative della tua controparte, pensa a un modo per renderle vane... **in maniera legale**.

Mi spiego meglio:

Se hai due appartamenti e la Banca te ne pignora uno, fare una "finta" vendita dell'altro immobile ad un parente (o amico) per salvarlo da una futura "aggressione" dell'Istituto di Credito NON è una buona idea.

Tale compravendita, infatti, NON produrrà alcun effetto concreto nei confronti della Banca se non quello di inasprire i toni con quest'ultima e di provare che sei in malafede.

Difatti, se non c'è stato scambio di denaro o se la somma è molto bassa rispetto al valore del bene venduto (cosa facilmente verificabile visto che tutte le transazioni economiche DEVONO essere fatte tramite il circuito bancario), la Banca potrà presentare un'azione legale con cui chiederà la simulazione/revocatoria dell'atto di vendita e, di conseguenza, il reinserimento del bene "venduto" all'interno del patrimonio del debitore.

Alla fine dei conti, quindi, l'unica cosa che avrai ottenuto sarà quella di aver speso inutilmente del tempo e del denaro e aver pregiudicato gravemente il rapporto con il tuo creditore.

Nulla di più.

9.6 La formulazione delle PROPOSTE

A livello tecnico una proposta si differenzia da una semplice opzione in quanto, rispetto a quest'ultima, vi è la volontà concreta di impegnarsi. All'atto pratico una proposta è un possibile accordo a cui sei già disposto a dire di "si".

Per presentare alla tua contropartc una buona proposta (per te e per la Banca) DEVI selezionare dalla tua lista una delle opzioni che soddisfa meglio i tuoi interessi, valutare se questa soddisfa anche gli interessi dell'Istituto di Credito meglio delle sue alternative (B.A.T.N.A.) e formularla secondo modelli di equità.

Quando arrivi a questo punto della tua preparazione alla negoziazione, dovresti avere in mente almeno tre tipi di proposte.

1. La prima è quella che individua perfettamente la tua aspirazione massima: tutto ciò che, utopisticamente, vorresti ottenere dalla trattativa.

   Anche qui, aiutati nel ragionamento chiedendo a te stesso:

   - *"che tipo di accordo vorrei concludere con la Banca?"*

   - *"quale accordo soddisferebbe pienamente i miei interessi e potrebbe soddisfare anche quelli dell'Istituto di Credito?"*

2. La seconda proposta che dovresti formulare nella tua mente è quella che individua il risultato che, sebbene non sia ottimale per te, però risulta in grado di soddisfare sufficientemente i tuoi interessi.

   Chiediti:

   - *"che tipo di soluzione* (anche se diversa da quella individuata al punto 1) *potrebbe ancora soddisfare in maniera adeguata i miei interessi?"*

3. La terza proposta che dovresti valutare è quella che potrebbe riguardare, per te, un compromesso ancora accettabile. Una soluzione che si posiziona leggermente sopra alle tue alternative alla negoziazione (per esempio una causa legale):

   - *"che tipo di soluzione potrebbe soddisfare i miei interessi un po' di più di quanto farebbe la mia alternativa migliore alla negoziazione?"*

Non dimenticare MAI di mettere per iscritto le risposte alle domande che ti sei fatto: queste diventeranno, per te, un elemento fondamentale per valutare le possibili contro-proposte del tuo interlocutore.

RIEPILOGO DEL CAPITOLO 9:

- Se vuoi riuscire a risolvere i tuoi problemi con il tuo Istituto di Credito non devi fare altro che essere preparato.

- Devi avere le idee molto chiare del risultato che vuoi ottenere e del modo in cui lo vorresti raggiungere.

- Negoziare vuol dire che ENTRAMBE le parti ottengono quello che desiderano. In conseguenza di ciò valuta sempre sia i tuoi interessi che quelli della Banca e cerca di soddisfarli entrambi con la tua proposta.

- Per raggiungere un buon accordo con l'Istituto di Credito devi:
    1. valutare gli INTERESSI di tutti i soggetti coinvolti;
    2. analizzare le OPZIONI esistenti per riuscire a soddisfare al meglio quegli interessi;
    3. ricercare dei DATI OGGETTIVI e dei MODELLI DI EQUITÀ in grado di soddisfare entrambe le parti;
    4. valutare le ALTERNATIVE alla negoziazione;
    5. formulare delle valide PROPOSTE per il raggiungimento di un accordo.

- Quando ti trovi a negoziare con qualcuno, esiste una netta differenza tra quello che vorresti ottenere dalla trattativa e i tuoi interessi riguardo a quella data situazione. Non prestare attenzione a quello che vorresti ottenere MA cerca di capire quali siano i tuoi veri interessi. Solo così potrai raggiungere un buon accordo per te.

- Cerca di capire quali siano gli interessi della Banca e della persona che sta negoziando con te. Mettiti nei loro panni e vedi i fatti dal loro punto di vista.

- Raccogli il maggior numero di informazioni sulla tua controparte. Più informazioni raccoglierai, più sarà accurata la tua valutazione della persona con cui stai trattando, più facilmente potrai capire il tuo interlocutore e anticipare le sue obiezioni o le sue strategie.

- Devi sempre dedicare del tempo per creare molteplici soluzioni al problema. Se ti fermerai solo alla prima idea che ti viene in mente non avrai molte alternative da proporre se otterrai un rifiuto dalla tua controparte. Cerca sempre di "allargare la torta".

- Presta molta attenzione a COME presentare una proposta alla Banca. Non puoi imporre il tuo punto di vista ma DEVI fornire dei **dati oggettivi** e dei **modelli di equità** per costruire assieme un accordo.

- NON cercare di convincere la tua controparte a rinunciare ai propri interessi: RISTRUTTURA la sua visione dei fatti e cerca di fornirle dei **dati oggettivi** e dei **modelli di equità** che possano essere accettabili dall'Istituto di Credito.

- DEVI identificare TUTTE le tue alternative alla negoziazione e le devi organizzare in una lista.

- DECIDI se, per te, è meglio negoziare oppure se la via da seguire può essere un'altra (magari una causa legale). Nel fare ciò, però, cerca di vedere la questione in maniera oggettiva e distaccata.

- Valuta con attenzione le possibili alternative della Banca. La sfida che dovrai superare è quella di far sì che la tua proposta sia MIGLIORE rispetto alle alternative che ha l'Istituto di Credito nei tuoi confronti.

- Formula almeno tre tipi di proposte:
  1. la prima deve essere quella che individua alla perfezione la tua aspirazione massima;
  2. La seconda deve essere quella che individua il risultato che, sebbene non sia ottimale per te, risulta, comunque, in grado di soddisfare sufficientemente i tuoi interessi;
  3. La terza deve essere quella che potrebbe riguardare, per te, un compromesso ancora accettabile. Una soluzione che si

posiziona leggermente sopra alle tue alternative alla negoziazione (per esempio una causa legale).

- Ad ogni modo, ricordati sempre di farti delle domande. Di chiederti il "perché" delle cose.

Capitolo 10:
Come trasformare la controparte in un alleato

10.1 Perché è importante trasformare la propria controparte in un alleato?

Se il tuo scopo è quello di risolvere il problema con la tua Banca, e se la negoziazione rappresenta la tua migliore e più efficace alternativa, allora DEVI riuscire a trasformare la persona con cui stai trattando da avversario a partner.

Perché è così importante riuscire a operare questa trasformazione?

Come abbiamo detto al capitolo 5, la persona con cui stai negoziando per la risoluzione del problema con la Banca è solamente il **primo** livello di autorizzazione (tra molti); **l'unico**, però, **su cui avrai effettivamente il controllo durante tutta la trattativa.**

Una volta che avrai convinto delle tue motivazioni il tuo

interlocutore, questo "passerà la palla" al suo referente. A questo punto tu NON sarai più in grado di interagire con quest'ultimo. L'unico modo che avrai per riuscire a influenzare positivamente tale soggetto sarà quello di fare in modo che sia il tuo "vecchio antagonista", la persona con cui hai affrontato tutta la trattativa, a fare il lavoro al posto tuo.

Sarà lui a battersi per te, a far sì che le tue motivazioni e le tue proposte vengano comprese e accettate dai suoi superiori.

Ti faccio un esempio di quanto sia importante riuscire a compiere tale trasformazione nella persona con cui stai trattando:

Tempo fa stavo negoziando un saldo e stralcio con una nota società che gestisce i crediti ceduti dalle Banche (NPL). Dopo una lunga trattativa con l'avvocato che era incaricato di gestire quella posizione, finalmente, trovammo un buon accordo per ambo le parti.

La proposta venne formalizzata e passata al secondo livello di autorizzazione che l'accettò. Da lì fu inviata all'approvazione della mandante (la società che aveva acquistato il credito ceduto).

La persona che rappresentava il terzo livello di autorizzazione e che doveva decidere sull'accettare o meno quell'accordo decise inaspettatamente di rifiutarlo.

Voleva ottenere di più rispetto a quello che noi gli offrivamo.

Il colpo fu durissimo. Il mio cliente non poteva accettare quel tipo di modifica alla proposta presentata perché ciò avrebbe leso i suoi interessi e, di conseguenza, decidemmo di abbandonare la negoziazione per seguire il c.d. "piano B" che, intanto, avevamo già preparato.

Qualche giorno dopo ricevetti una telefonata dalla mia controparte/alleata con la quale mi comunicava che era molto sdegnata del rifiuto della mandante e, ritenendo quella che avevamo studiato assieme la migliore delle proposte che poteva essere presentata in quella specifica situazione, aveva richiesto un'apposita riunione congiunta tra lei, il suo referente e la mandante (quindi, il primo, il secondo e il terzo livello di autorizzazione) per ridiscutere dell'offerta.

Dopo un paio di giorni mi ricontattò dicendomi: *"Andrea, abbiamo fatto capire alla mandante che **la nostra proposta** era la migliore possibile: ha accettato l'accordo".*

Sta proprio qui il vero elemento di forza di trasformare un nemico in un alleato. Al rifiuto della società che aveva comprato il credito della Banca, io ero passato ad abbandonare la negoziazione per seguire un'altra strada per risolvere il problema del mio cliente.

Non fui io a insistere ma **fu la mia controparte a battersi per me e per il mio assistito.**

Tutto ciò fu possibile SOLO perché avevo trasformato il mio avversario in un valido partner.

Come ho fatto?

Ho utilizzato la "**Strategia della Trasformazione**".

Questo tipo di tecnica si chiama così perché, se seguita alla lettera, "trasforma" un avversario in un alleato.

Per mettere in atto questa strategia devi seguire cinque regole (più una).

Le cinque regole sono:

1. Non reagire: mantieni la calma;

2. Non litigare: riconosci il punto di vista della tua controparte;

3. Non rifiutare la sua visione dei fatti: ristrutturala;

4. Non imporre la tua volontà: rendila attraente;

5. Non inasprire i toni della trattativa ma esponi le conseguenze di un mancato accordo.

La **sesta regola** (il "più uno") da seguire quando affronterai una negoziazione con la Banca è quella più importante di tutte: devi sempre **trattare il tuo interlocutore con RISPETTO**.

Può sembrare una cosa scontata ma ti assicuro che non lo è.

La persona con cui stai negoziando non ha colpa di quello che ti sta accadendo. Forse, addirittura, quella è la prima volta che ti sente nominare o che ha a che fare con la tua pratica.

Il modo in cui ti poni nei suoi confronti può compromettere enormemente le tue possibilità di raggiungere un accordo oppure lo può favorire. Dipende tutto da te.

Per riuscire ad assumere il giusto "spirito" in fase di trattativa e avere la possibilità di "trasformare" il tuo avversario in partner, dovrai resistere alla tentazione di voler "vincere" nei confronti della Banca.

A questo punto avrai capito perfettamente che, se hai scelto di negoziare con la tua controparte, NON si tratterà più di vincere o perdere ma **DI RISOLVERE, di comune accordo, un reciproco problema**.

Se quanto appena detto non ti è pienamente chiaro e ti approccerai alla trattativa con l'idea, anche inconscia, di voler imporre la tua volontà sulla persona che sta negoziando con te, NON riuscirai a creare la "giusta intesa" per far sì che l'altra parte diventi un tuo alleato.

Nell'esempio che ti ho fatto poco fa, avrai notato che, nella frase relativa alla telefonata ricevuta dalla mia controparte/alleata, ho messo in grassetto le parole *"la nostra proposta"*.

Secondo te, perché l'ho fatto?

Il motivo è semplicissimo: per farti notare che quella persona (che non mi ha mai visto in vita sua e con cui non avevo nulla a che fare, prima di iniziare una negoziazione con lei) **dava un valore** al lavoro fatto insieme.

Tutte le ore passate a ragionare su come trovare una soluzione accettabile per entrambi i nostri clienti l'aveva portata a vedere quell'accordo come "una cosa anche sua". **Una proposta per cui valeva la pena battersi.**

Le persone sono così, **hanno a cuore le decisioni e le scelte che sono frutto del loro impegno e che prendono volontariamente.** Il tuo obiettivo, in questi casi, sarà proprio quello di cercare di portare la tua controparte a prendere, da sola, le decisioni che servono a te, senza forzarla ma indicandole la giusta via.

Lo ripeto ancora una volta: **il tuo obiettivo NON è vincere ma CONVINCERE.**

10.2 Non reagire: mantieni la calma

Abbiamo già parlato abbondantemente dei rischi che corri quando ti fai dominare dalla rabbia o dalla paura, quindi non starò a ripetermi.

Una buona strategia per rimanere calmi durante una negoziazione con la Banca è quella di mantenere vivo nella propria mente l'obiettivo finale che si vorrebbe raggiungere.

Quando ti stai accorgendo di iniziare a innervosirti o di perdere il controllo, FERMATI e CHIEDITI:

- *"il comportamento che sto assumendo ora mi aiuterà a raggiungere il mio scopo oppure no?"*

Già solamente il fatto di aver valutato coscientemente il tuo stato emotivo potrà aiutarti a mantenere la calma durante una trattativa "difficile".

Per capire quando stai perdendo la tua lucidità mentale devi riuscire a valutare, per tempo, i "segnali" che ti fornirà il tuo stesso corpo.

Quando ti agiterai, molto probabilmente la tua bocca si "asciugherà", il tuo cuore inizierà a battere più veloce, il tuo volto arrossirà, sentirai delle vampate di calore salire dal petto verso la testa e, magari, le tue mani inizieranno a sudare. Questi sono sintomi molto comuni dell'agitazione. Potrebbero non verificarsi tutti quanti o potresti averne di differenti. È importante imparare a riconoscere i propri.

Appena noti che ti stai agitando cerca di fermarti un attimo e respira profondamente, una, due, tre volte, pensando unicamente al tuo obiettivo.

In questo momento **il tuo unico scopo è quello di calmarti**.

Ai fini della "Strategia della Trasformazione", mantenere il controllo sulle proprie emozioni negative durante tutta la negoziazione ti servirà per avere sempre un atteggiamento positivo e "disteso" nei confronti della tua controparte. Questo segnerà un elemento che ti distinguerà dalle altre persone che avranno avuto a che fare con il medesimo soggetto con cui stai negoziando e che, magari, lo avranno trattato con rancore e disprezzo.

Ricordati sempre che la persona con cui stai trattando ha molte altre pratiche, simili alla tua, sulla propria scrivania. Potrebbe essere aggressiva o mostrare cinismo nei tuoi confronti. Non prenderla sul personale ma mostrati controllato e interessato unicamente a risolvere il problema. Questo la spingerà a vederti come una persona e non come un numero o una statistica.

Mostrati differente dalla massa se vuoi creare una connessione con il soggetto con cui stai negoziando.

Fermarsi per prendere coscienza dei propri stati emotivi ha, anche, un altro scopo oltre quello di permetterti di contenere la tua rabbia o angoscia: **ti aiuterà a prenderti del tempo per pensare alle tue opzioni.**

Il tuo silenzio, inoltre, potrebbe portare la tua controparte a sentirsi a disagio e a cercare di colmare il vuoto di parole continuando la conversazione in una sorta di monologo.

Questo, spesso, è un bene per te, perché il tuo "antagonista", parlando, potrebbe fornirti altre informazioni da poter usare in sede di trattativa.

L'importante è che tu sia molto attento nell'ascoltare quanto ha da dirti e nell'individuare quelle informazioni che potrai utilizzare a tuo vantaggio.

C'è un vecchio proverbio che dice: *"abbiamo due orecchie e una sola bocca perché dovremmo ascoltare il doppio di quanto parliamo"*. Questa frase vale soprattutto in sede di trattativa con la Banca.

SEGRETO n. 17

Prenditi sempre del tempo per pensare.

Questa pausa alla negoziazione ridurrà il tuo livello di stress, ti permetterà di ragionare sulle tue opzioni e ti porterà a comprendere meglio la tua controparte.

Inoltre EVITA SEMPRE di prendere delle decisioni istintive, "di pancia". Prenditi il giusto tempo per poter valutare ogni scenario possibile e ogni sua conseguenza.

10.3 Non litigare, riconosci il punto di vista della tua controparte

Quando stiamo negoziando, alzare i toni del discorso e iniziare a litigare sulla bontà, o meno, di quello che viene detto è assolutamente INUTILE e DANNOSO.

Quando "alziamo la voce" ci troviamo a fare i conti con il "lato umano" della nostra controparte. Sentendosi aggredita, quest'ultima alzerà un muro invisibile che la difenderà dai nostri attacchi. Quando accade ciò, ci troviamo di fronte a una persona che NON è più recettiva verso quello che le stiamo dicendo.

Proprio per questo motivo, come abbiamo detto più volte nelle pagine precedenti, dobbiamo mantenere la calma.

Il vero problema si presenta quando è la nostra controparte ad essere aggressiva nei nostri confronti.

In questo caso dobbiamo sforzarci di essere tolleranti rispetto al suo comportamento ma, se vogliamo che quest'ultima ci presti attenzione, dobbiamo anche "disinnescare" i suoi sentimenti ostili o negativi mettendola in condizione di starci ad ascoltare.

La sfida consisterà proprio nel **creare un clima favorevole alla negoziazione.**

Per riuscire a "disinnescare" le emozioni ostili della nostra controparte dobbiamo comportarci in maniera diametralmente opposta rispetto a ciò che si aspetta da noi.

Mi spiego con un esempio:

Se la persona con cui sto negoziando mi tratta in maniera ostile e cinica, quello che si aspetta da me è che io reagisca alle sue provocazioni, magari attaccando a mia volta. Proprio per questo motivo il mio atteggiamento deve essere calmo e positivo nei suoi confronti. La devo trattare con rispetto. Devo ascoltare quello che ha da dirmi e cercare di comprendere le sue motivazioni. Devo capire il suo punto di vista e devo riconoscerlo apertamente, condividendolo con lei.

Quando una persona reagisce con la calma alle provocazioni, quando cerca il dialogo e si impegna ad ascoltare in maniera attiva la propria controparte nonostante le "aggressioni" di quest'ultima, quando il proprio interlocutore capisce che il proprio punto di vista viene compreso, quando avviene tutto questo, i risultati che si ottengono sono che, progressivamente, l'ostilità diminuisce e la persona che abbiamo di fronte inizia a trattarci con rispetto.

Per "disinnescare" le emozioni negative del proprio interlocutore, quindi, dobbiamo fare tre cose durante tutta la negoziazione:
1) ASCOLTARE in maniera attiva quello che ha da dirci la persona che abbiamo di fronte;
2) COMPRENDERE il suo modo di vedere il problema e la sua posizione in merito allo stesso;

3) RICONOSCERE apertamente il suo punto di vista.

Ti faccio un esempio di quello che voglio dire:

Stavo negoziando lo stralcio di un debito per un mio assistito e la persona con cui stavo trattando era il vice-direttore di una Banca delle mie parti (che chiamerò Fabio, nome di fantasia).

Fabio era abbastanza "chiuso" rispetto alle sue posizioni iniziali in quanto il debitore non si era comportato bene nei confronti dell'Istituto di Credito. Aveva fatto delle promesse che, poi, non aveva mantenuto.

Proprio a causa di queste promesse non mantenute il mio interlocutore non si fidava più di quella persona e, di conseguenza, non aveva fiducia neppure nei miei confronti. Inoltre, intimamente, provava del risentimento nei confronti del mio cliente proprio per il comportamento che quest'ultimo aveva tenuto verso di lui; Fabio, infatti, si era battuto con i suoi superiori per poter venire incontro alle esigenze del debitore e, proprio per questo, aveva fatto una brutta figura quando quest'ultimo si era "rimangiato" l'impegno che si era preso verso la Banca.

Quando iniziammo a parlare della situazione, capii subito che lui covava del risentimento verso il debitore. Cercai di indagare in maniera discreta facendogli presente queste mie impressioni. Appena affrontai l'argomento mi spiegò quanto era accaduto. Ascoltai tutta la sua storia senza mai interromperlo, se non per fargli delle domande che potessero aiutarmi a comprendere meglio il suo punto di vista.

Dopo aver ascoltato tutta la sua versione dei fatti, gli dissi che lo comprendevo bene e che condividevo quello che pensava del mio cliente: il debitore non si era comportato bene. Non esistevano scuse a questo.

Sia chiaro: riconoscere il punto di vista della tua controparte NON vuol dire dirgli quello che quest'ultima vuole sentirsi dire, per pura utilità, senza credere in quello che si sta affermando.
Non funziona così.

Le persone non sono stupide, quasi sempre si accorgono (anche inconsciamente) se vengono manipolate.

Riconoscere il punto di vista della tua controparte vuol dire **comprendere veramente il suo modo di vedere la situazione** e, dopo essersi messi nei suoi panni, capire esattamente come si era sentita in quell'occasione **e dimostrarlo con i fatti**.

SEGRETO n. 18

Ricorda sempre che **TUTTI noi abbiamo bisogno di essere capiti**. Riuscendo a soddisfare questo bisogno nella tua controparte puoi modificare il corso della negoziazione.

Parlando con Fabio gli dissi che comprendevo la sua diffidenza e, come lui, visti i precedenti, anche io sarei stato scettico a trattare nuovamente con quella persona.

Lo feci ragionare sul fatto che però, prima, il debitore era consigliato male dal proprio consulente e che, forse, questo aveva influito negativamente sulla trattativa passata.

Qualche giorno dopo ritornai a parlare con Fabio assieme al debitore e, di fronte a tutti, criticai quest'ultimo per non aver rispettato la promessa fatta durante la precedente trattativa.

Sulle prime, il mio cliente rimase "allibito" dal mio

comportamento in quanto la cosa non era stata preordinata (ricordati quello che ho detto poco fa: le persone si accorgono se le stai prendendo in giro) e, dopo aver fatto capire al debitore il punto di vista del vicedirettore, il primo chiese sinceramente scusa al secondo per la propria condotta.

Da quel punto in poi la trattativa procedette in maniera assolutamente più fluida e "rilassata". Ormai la mia controparte aveva stima di me e aveva capito che non ero come gli altri consulenti con cui aveva trattato. Si poteva fidare.

Potresti chiederti:
- *"Ok... ma se cercare di mettermi nei panni del mio interlocutore e riconoscere il suo punto di vista non bastasse a 'disinnescare' il suo atteggiamento negativo durante la trattativa?"*

In questo caso puoi cercare di utilizzare le seguenti strategie per annullare la sua ostilità.

a) **Mostrati sicuro di te**: anche se vieni attaccato o se il tuo interlocutore si dimostra cinico e distaccato nei tuoi confronti, assumi un atteggiamento calmo e sicuro di te. Stai dritto con la schiena, respira lentamente e parla con un tono fermo e profondo anche se stai dialogando con la tua controparte per telefono e non sei di fronte a lei.

Se, invece, il tuo interlocutore è davanti a te, oltre a tutto quello che ti ho già detto, dovresti anche mantenere il contatto visivo più a lungo che puoi senza distoglierlo mai.

Il fatto di non essere intimoriti dalla propria controparte, soprattutto se si parla di un avvocato della Banca, può essere molto disarmante per quest'ultima.

Più riusciremo a disarmarla, anche temporaneamente, più possibilità avremo per farci ascoltare.

b) **Osserva il suo modo di esprimersi nei tuoi confronti e adattati al suo stile di comunicazione**: la persona con cui stai negoziando si comporta in maniera formale oppure ha un atteggiamento colloquiale? È riflessiva oppure ti sembra una persona decisa e che punta a un risultato immediato? Sembra disposta a ragionare con te oppure ti appare come un soggetto autoritario?

Adattati al suo modo di comunicare: se si comporta in maniera formale, assumi anche tu quel tipo di atteggiamento. Se è una persona riflessiva NON metterle fretta ma lasciala ragionare sulle tue proposte. Se è una persona autoritaria, sii flessibile sulle sue affermazioni per evitare di scontrarti con lei.

Se vuoi riuscire a "sintonizzarti" con il tuo interlocutore **devi essere come un liquido**: l'acqua si adatta a ogni contenitore, qualsiasi forma esso abbia. Tu devi fare la medesima cosa con la tua controparte durante una negoziazione.

Ti devi adattare a lei e al suo modo di comunicare.

c) **Ogni volta che ti è possibile, fai in modo che risponda in maniera affermativa a ciò che stai dicendo.**

Ogni volta che riesci a far sì che il tuo interlocutore concordi con te per qualche cosa che stai affermando, **predisponi la sua mente ad allinearsi con la tua**. Questo comporta che, in primis, la tua controparte, piano piano, si renderà conto che tu e lei siete "sulla stessa lunghezza d'onda", avete idee simili, tanto che lei concorda spesso con te in merito alle tue affermazioni.

In secondo luogo, ogni volta che riesci a farti dire di "sì" dal tuo interlocutore lo predisponi mentalmente a dirti di "sì" a una nuova, futura proposta.

d) Allo stesso tempo, **mostrati d'accordo con lui tutte le volte che puoi**; questo tipo di atteggiamento gli rende più difficile attaccarti. **Non è facile essere ostile verso una persona che è d'accordo con te**.

Chiariamoci: condividere l'opinione della propria controparte NON vuol dire che dovrai arrenderti alle sue pretese. Condividere la sua opinione vuol dire che dovrai sempre cercare di focalizzare la sua attenzione su quello che volete entrambi: la risoluzione del problema con la Banca.

e) **Cerca sempre di costruire un rapporto paritario**: il tuo interlocutore deve capire che sei al suo stesso livello, che non sei uno sprovveduto e che l'unica soluzione percorribile per entrambi è la cooperazione.

A questo punto la tua controparte dovrebbe essere più disponibile ad ascoltarti. Per questo motivo:

10.4 Non rifiutare la sua visione dei fatti: ristrutturala

Rifiutare il punto di vista del tuo interlocutore vuol dire mettersi in contrasto con lui. Nel momento in cui la persona che hai di fronte percepirà tale contrasto, alzerà un muro emotivo che sarà difficile da abbattere e, in conseguenza di ciò, la negoziazione subirà uno stallo.

"Ristrutturare" significa accogliere il pensiero del tuo interlocutore e, allo stesso tempo, mostrargli un punto di vista oggettivo di cui lui non è a conoscenza inducendolo, così, a modificare la propria visione del problema.

"Ristrutturare" significa anche rivolgere l'attenzione della tua controparte lontano dalla sua posizione formale e dal suo ruolo istituzionale, facendo sì che possa focalizzarsi unicamente sull'individuazione dei propri interessi e di quelli dell'Istituto di Credito.

Quando si parla di negoziazione con la Banca, si può ristrutturare il punto di vista del proprio interlocutore in due modi:

1. Fornendo un dato oggettivo come elemento di paragone;
2. Facendogli domande e portandolo a ragionare sulle risposte

che lui stesso ti fornirà.

Il primo punto lo abbiamo analizzato nel terzo capitolo di questo libro. Ogni volta che puoi devi cercare di capire che tipo di informazioni siano in possesso del tuo interlocutore e devi cercare di dimostrargli che tali dati non sono più attendibili.

Devi fornirgli degli elementi di valutazione aggiornati e oggettivi che possano permettergli di percepire la situazione dal tuo punto di vista.

Ricordati sempre che le valutazioni della tua controparte si basano su perizie o altre informazioni che potrebbero non essere più corrette o aggiornate.

Se penserà di poter ottenere da te 100.000 euro in virtù di una perizia immobiliare o di garanzie non più attuali, sarà molto difficile convincerla ad accettare meno di quella cifra. Se però le dimostrerai, con elementi oggettivi e che NON dipendono da te (prezzi di vendita di altre abitazioni nella zona del tuo immobile, perizie di stima aggiornate, materiale fotografico ecc.) che il documento o le informazioni in suo possesso NON sono più valide e che la somma che potrà ottenere da te sarà più bassa rispetto alle sue originarie aspettative, allora potrebbe essere molto più incline ad accettare la tua offerta.

Ricordati sempre che **la PERCEZIONE del tuo interlocutore sulla tua situazione è più importante della realtà dei fatti.** Proprio per questo motivo devi porgli delle domande che siano in grado di farlo riflettere. Fai in modo che le sue risposte lo inducano a riconsiderare il proprio ruolo nei tuoi confronti: a passare dalla posizione di avversario a quella di partner.

Se percepisci che la persona che hai di fronte non vuole prendere in considerazione i dati oggettivi che le stai fornendo oppure contesta la tua offerta, proponi un altro parametro di misura o una nuova soluzione al problema e, poi, chiedile: *"perché non facciamo in quest'altro modo?"*.

Le persone amano criticare, soprattutto se pensano di avere più esperienza di te in una determinata materia.

Fai in modo che il tuo interlocutore possa esprimere le sue idee e prendi nota di tutto quello che dirà. Fagli delle domande che ti aiutino a comprendere il suo punto di vista e le sue obiezioni. Più riuscirai a farlo parlare, maggiori possibilità avrai di capire come lui percepisce il problema.

Una volta che avrai compreso il suo modo di interpretare le cose, devi cercare di coinvolgerlo in una discussione sulle possibili opzioni che entrambi avete per risolvere la situazione.

Devi riuscire a trasformare la negoziazione in un vero e proprio "brainstorming" finalizzato alla creazione di possibili soluzioni che siano valide per entrambe le parti. Nel fare ciò devi assumere il ruolo di partner.

Quando ti esprimi, evita di dire "io" o "tu" ma utilizza il "**noi**". Con le tue parole devi fare in modo che il tuo interlocutore si abitui a questa nuova collaborazione tra voi.

Chiedi il suo punto di vista e il suo consiglio

Questa è un'ottima strategia per coinvolgere la persona con cui stai negoziando in una discussione costruttiva.

Chiedere il consiglio del tuo interlocutore ha un ruolo fondamentale nella "Strategia della Trasformazione" perché, se il suggerimento della persona che hai di fronte sarà in linea con i tuoi interessi, potrai metterlo in pratica con la certezza che verrà accettato da quest'ultima, visto che sarà stata proprio lei ad averlo proposto. Oltre a tutto ciò le darai anche la prova che la ritieni una persona competente e importante… tanto da chiederle la sua opinione in merito a una cosa che ti è cara.

Le persone amano sentirsi importanti e provano una naturale simpatia per chi le reputa tali. Anche in questo caso, però, devi essere naturale e spontaneo. Non devi essere falso quando ti relazioni con il tuo interlocutore; se ne accorgerebbe di sicuro e questo danneggerebbe la negoziazione.

SEGRETO n. 19

Per riuscire a trasformare il tuo avversario in un partner fai esattamente il contrario di quello che saresti tentato di fare: **tratta sin da subito il tuo interlocutore come un alleato.** Parla con lui dei tuoi interessi e chiedi il suo consiglio e il suo punto di vista sul problema e su come potresti riuscire a soddisfarli.

Non rifiutare quello che ti dirà e ristruttura le sue parole, trasformandole in un'occasione per parlare del problema e della sua possibile soluzione.

10.5 Non imporre la tua volontà: rendila attraente

Quando affermo che devi "rendere attraente" la tua volontà mi riferisco al fatto che, durante tutta la negoziazione, devi fare in modo che il tuo interlocutore creda di essere lui a condurre le trattative mentre, in realtà, sei tu quello che dirige il gioco.

Per riuscire in questo devi:

1) Soddisfare i suoi interessi;

2) Coinvolgere attivamente la tua controparte nell'ideazione della soluzione;

3) Aiutarla a salvare la faccia con i suoi superiori.

Come abbiamo detto più volte in questo libro, per riuscire a raggiungere un accordo negoziando devi soddisfare gli interessi di tutte le parti (anche e soprattutto quelli della Banca).

Se avrai seguito le mie indicazioni, ormai sarai in grado di conoscere alla perfezione gli interessi del tuo interlocutore e quelli dell'Istituto di Credito; nella creazione di una proposta DEVI cercare sempre di tenerli in considerazione.

Questo è il primo passo per riuscire a rendere attraente la tua volontà.

Il secondo passo è quello di costruire una soluzione al problema utilizzando, come base, le SUE idee (e NON le tue).

Mi spiego meglio:

Che cosa accade, di solito, quando in una trattativa fai presente alla tua controparte che **TU** hai trovato una soluzione al problema che state provando a risolvere?

Semplice… nel 90% dei casi il tuo interlocutore troverà dei difetti nella tua proposta e la rifiuterà.

Si comporterà in questo modo per il fatto che, come abbiamo detto in precedenza, le persone amano criticare le idee altrui (soprattutto se ritengono di essere più preparate del proprio interlocutore).

Fare in modo che la tua controparte fornisca una **SUA** personale soluzione sulla quale lavorare ci aiuterà a chiudere un buon accordo per entrambi.

Ricordati sempre che tu puoi decidere di lottare contro l'impulso di "litigare" e di imporre la tua volontà nei confronti della persona che hai di fronte perché, ora, sai che facendolo renderesti la negoziazione più difficile. Non puoi sperare, però, che la tua controparte condivida tale punto di vista.

L'unico modo che hai per "abbassare i toni" della trattativa e per far sì che il tuo interlocutore **accetti SEMPRE** quello che hai da dire, sarà quello di utilizzare una SUA idea per costruire un possibile accordo.

Nessuno lotterebbe MAI contro una propria idea. Sta proprio qui la genialità di questa strategia.

Anche in questo caso, il segreto di una buona negoziazione è quello di **fare domande**.

Il modo migliore e più veloce per coinvolgere la propria controparte in una negoziazione è proprio quello di **CHIEDERE quali siano le SUE idee per risolvere il problema:**
- *Cosa farebbe il tuo interlocutore per soddisfare i suoi e i tuoi interessi?*

Fare questo tipo di domanda ha un duplice vantaggio:
1) Costringe la persona con cui stai trattando a mettersi nei tuoi panni (visto che, per rispondere, deve valutare i suoi e i TUOI interessi);

2) Ti permette di individuare immediatamente quella che pensa essere la proposta ottimale che può essere accettata dalla Banca. Su questa, tu dovrai lavorare, prendendo gli elementi che sono utili per te e scartando le parti che, invece, ostacolano il raggiungimento dei tuoi interessi.

Una volta che avrai rielaborato la SUA idea originale, adattandola alle TUE esigenze, dovrai coinvolgere il tuo interlocutore ancora una volta.

Dovrai chiedere il suo parere sulla soluzione che state costruendo insieme e **sollecitare, in lui, delle critiche costruttive.**

Questo passaggio nella creazione della futura proposta è di fondamentale importanza.

Il motivo per cui questa fase è così importante deriva dal fatto che **le persone vogliono che gli altri rispettino le loro idee.**

Avendo utilizzato, come base di un potenziale accordo, le proposte della tua controparte e avendola coinvolta, ancora una volta, nella revisione della proposta finale, sollecitando in quest'ultima delle osservazioni e delle critiche costruttive, ormai l'avrai indotta a ritenere la soluzione individuata come "una cosa anche sua".

Oltre a ciò, nel caso in cui la proposta dovesse essere rifiutata dal secondo o dal terzo livello autorizzazione, per evitare di perdere di credibilità nei tuoi confronti (visto che l'idea deriverà da una sua proposta e sarà stata oggetto della sua preventiva valutazione e revisione) vi sarà un maggiore impegno da parte sua per cercare di convincere i propri superiori.

Proprio come è successo a me nell'esempio che ti ho fatto all'inizio di questo capitolo.

L'ultimo punto di questa strategia sta nell'aiutare il tuo interlocutore a **"salvare le apparenze"** con i suoi superiori.

Parliamoci chiaro: come abbiamo detto più volte, tu tratterai con una persona, non con la Banca. I soldi che devi restituire all'Istituto di Credito NON sono dell'individuo con cui stai negoziando. A lui potrebbe non interessare di doversi "battere" con te per cercare di recuperare il più possibile di quello che devi alla Banca. **Lui farà solo quello che è pagato per fare.** Cercherà di ottenere il massimo dalla negoziazione solo perché il suo lavoro è proprio quello: fare gli interessi di chi lo paga.

Se avrai coinvolto il tuo interlocutore come ti ho spiegato, se sarai stato sempre trasparente con lui e ti sarai sempre comportato in maniera corretta nei suoi confronti, a questo punto la persona che avrai di fronte potrebbe essere disposta a venirti incontro, anche se questo dovesse voler dire accettare un accordo un po' meno vantaggioso per la Banca che rappresenta.

Questo, però, potrebbe esporre il tuo interlocutore a potenziali critiche da parte dei suoi superiori. Il timore che si verifichi tale possibilità gli impedirà di aiutarti.

Sta a te far sì che la persona con cui stai negoziando sia rassicurata del fatto che ciò non si verificherà. Anche questa volta dovrai utilizzare il più possibile dei **dati oggettivi** per giustificare le vostre scelte (valori di mercato, perizie sugli immobili ecc.).

Se vuoi che il tuo interlocutore si batta per te DEVI studiare un modo per giustificare preventivamente il suo comportamento nei confronti dei suoi superiori. Devi anticipare le obiezioni di questi ultimi e fornire loro delle risposte credibili e verso le quali non possano controbattere.

La tua sfida è quella di fare in modo che la persona che ti sta di fronte possa essere certa che NESSUNO potrà mai contestarle di aver fatto un cattivo lavoro nella gestione della tua posizione.

10.6 Non inasprire i toni della trattativa ma esponi le conseguenze di un mancato accordo

Quasi sicuramente la negoziazione con la Banca sarà lunga e difficoltosa. Molto probabilmente ci sarà un momento in cui la rabbia o la paura ti porteranno a voler abbandonare il tavolo della trattativa per spingerti a compiere un "gioco di forza" nei confronti dell'Istituto di Credito. A cercare di imporre una tua soluzione al problema. Purtroppo, però, NON puoi vincere a questo gioco. Ti puoi solamente fare molto male.

Il motivo è molto semplice: **se avessi avuto delle alternative migliori rispetto al negoziato le avresti sicuramente seguite.**

Come abbiamo visto prima, imporre una propria soluzione NON porta la tua controparte a volerla accettare. Questo causerà il fallimento del negoziato.

In conseguenza di ciò devi cercare di preservare la tua lucidità mentale per cercare di mandare avanti la trattativa. Costi quel che costi.

Per portare di nuovo l'attenzione delle parti sulla necessità di raggiungere un accordo che possa soddisfare gli interessi di entrambe, **devi evidenziare**, al tuo interlocutore, **le conseguenze di un possibile fallimento della trattativa per la Banca**. Questo ti permetterà di far sì che la tua controparte possa essere più disponibile al dialogo.

Come abbiamo visto al capitolo 7 e 8, tu e la Banca avete delle alternative alla negoziazione. Il fatto che entrambe stiate dialogando per cercare una soluzione al problema, però, è indicativo del fatto che ENTRAMBE valutate la via del negoziato come la migliore per soddisfare i vostri reciproci interessi.

Se devi portare all'attenzione del tuo interlocutore le conseguenze di un possibile fallimento della trattativa, dovrai farlo senza essere provocatorio o aggressivo.

Anche questa volta potrai ottenere questo effetto facendo delle domande.

Rivolgiti alla persona che hai di fronte e chiedile quali potrebbero essere, per la Banca, le conseguenze di un mancato accordo.
Chiedi:
- *"che cosa potrebbe succedere se non riusciamo a raggiungere una soluzione?"*
- *"quali costi dovrà sostenere la Banca in questo caso?"*
- *"quanto potrebbe risparmiare (in termini di costi) se, invece, riuscissimo a raggiungere un compromesso?"*
- *"che cosa pensa che potrei fare se non riuscissimo a raggiungere un accordo?"*
- ecc.
Fai in modo che siano loro stessi a trovare una risposta nella loro mente.

Non ha importanza che ti rispondano, la cosa fondamentale è che avrai instillato in loro il dubbio di quello che potrebbe accadere se dovesse fallire la trattativa.

Cerca di far capire al tuo interlocutore la forza delle tue alternative. Se non hai una B.A.T.N.A. forte, almeno cerca di individuare delle opzioni che possano indurre la tua controparte a non sottovalutarti.

RIEPILOGO DEL CAPITOLO 10:

- Per riuscire a risolvere il tuo problema con la tua Banca DEVI trasformare la persona con cui stai trattando da avversario a partner.

- Per far sì che il tuo interlocutore diventi un tuo alleato nella trattativa con la Banca devi usare la **"Strategia della Trasformazione"**.

  Per poter adottare questa tecnica devi rispettare cinque regole:

  1. Non reagire: mantieni la calma;

  2. Non litigare: riconosci il punto di vista della tua controparte;

  3. Non rifiutare la sua visione dei fatti: ristrutturala;

  4. Non imporre la tua volontà: rendila attraente;

  5. Non inasprire i toni della trattativa ma esponi le conseguenze di un mancato accordo.

- In sede di negoziazione devi sempre trattare il tuo interlocutore con RISPETTO.

- Quando stai trattando con la tua controparte devi sempre tenere a mente che NON si tratta di vincere o perdere ma DI RISOLVERE, di comune accordo, un reciproco problema.

- In fase di negoziazione il tuo obiettivo NON è vincere ma CONVINCERE.

- Mantieni la calma mentre stai negoziando. Questo ti permetterà di conquistare il rispetto del tuo interlocutore e di rendere più facile la trattativa.

- Prenditi sempre del tempo per pensare. Questa pausa rispetto alla negoziazione ridurrà il tuo livello di stress, ti permetterà di ragionare sulle tue opzioni e ti porterà a comprendere meglio la tua controparte.

- EVITA SEMPRE di prendere delle decisioni istintive, "di pancia". Prenditi il giusto tempo per poter valutare razionalmente ogni scenario possibile e ogni sua conseguenza.

- Quando stiamo negoziando, alzare i toni del discorso e iniziare a litigare sulla bontà, o meno, di quello che viene detto è assolutamente INUTILE e DANNOSO perché induce l'altra parte a chiudersi sulla difensiva o ad attaccare a sua volta.

- Dobbiamo essere noi a **creare un clima favorevole alla negoziazione** disinnescando i sentimenti ostili o negativi della nostra controparte.

- Dobbiamo comportarci in maniera diametralmente opposta a ciò che il nostro interlocutore si aspetta da noi e fare le seguenti tre cose:

1. ASCOLTARE in maniera attiva quello che ha da dirci il

nostro interlocutore;

2. COMPRENDERE il suo modo di vedere il problema e la sua posizione in merito allo stesso;

3. RICONOSCERE apertamente il suo punto di vista.

- Se vuoi riuscire a trasformare il tuo interlocutore in un alleato devi cercare di evitare di manipolarlo o di raggirarlo.

- Cerca sempre di costruire un rapporto "alla pari" con la persona con cui stai negoziando.

- Rifiutare il punto di vista del tuo interlocutore vuol dire mettersi in contrasto con lui. Nel momento in cui la persona che hai di fronte percepirà tale contrasto, alzerà un muro emotivo che sarà difficile da abbattere e, in conseguenza di ciò, la negoziazione subirà uno stallo.

- Accogli il pensiero della tua controparte e, allo stesso tempo, mostrale un punto di vista oggettivo di cui non è a conoscenza inducendola, così, a RISTRUTTURARE la propria visione del problema.

- Fornisci dati oggettivi come elemento di paragone.

- Fai domande al tuo interlocutore e portalo a riflettere sulle sue risposte.

- La PERCEZIONE del tuo interlocutore sulla tua situazione è più importante della realtà dei fatti.

- **Chiedi il SUO punto di vista e il SUO consiglio.**
- Quando ti relazioni con la tua controparte devi "rendere attraente" la tua volontà. Potrai farlo solo se:
  1. Soddisferai i suoi interessi;
  2. La coinvolgerai attivamente nell'ideazione di una soluzione al problema;
  3. La aiuterai a salvare la faccia con i suoi superiori.
- Ricordati sempre che nessuno lotterebbe contro una propria idea. Chiedi alla persona che hai di fronte quali siano le sue idee per risolvere il problema.
- Rielabora la sua idea originale adattandola alle tue esigenze e, poi, coinvolgi nuovamente il tuo interlocutore chiedendo il suo parere in merito alle tue modifiche. Fai in modo di sollevare in lui delle critiche costruttive.
- Quanto parli con la persona che rappresenta la Banca, metti in evidenza le conseguenze di un possibile fallimento della trattativa per l'Istituto di Credito. Per evitare di sembrare ostile nei suoi confronti, ponile delle domande mirate che la facciano riflettere.

Capitolo 11:
Come scrivere una proposta transattiva

11.1 Perché è importante scrivere bene una proposta?

La formalizzazione della proposta rappresenta la parte finale di tutta la trattativa.

Se sei giunto a questo punto, hai "informalmente" raggiunto un accordo con il tuo interlocutore sui termini di una possibile soluzione al vostro problema. Ora devi mettere nero su bianco quanto avete deciso affinché "la Banca" possa valutare se accettare o meno tale offerta.

Non devi MAI sottovalutare l'estrema importanza di questa fase della negoziazione. Se, a questo punto, commetterai un errore, potresti pregiudicare tutto quello per cui ti sei battuto.

I motivi di un possibile fallimento sono due:

1. **Il rifiuto della proposta per un difetto di comprensione della stessa da parte di chi dovrà decidere per la Banca:**

come abbiamo detto più volte nel corso di questo libro, avrai la possibilità di negoziare direttamente solo con la persona che costituisce il primo livello di autorizzazione ma non avrai nessun contatto diretto con il secondo e il terzo livello. Per evitare l'effetto "telefono senza fili" (di cui abbiamo parlato al capitolo 5) è fondamentale che il tuo messaggio venga scritto nel miglior modo possibile in modo che siano subito comprensibili, a chiunque lo legga, i motivi oggettivi e di equità che hanno portato a quella, precisa, proposta.

2. **Il raggiungimento di un accordo che ti soddisfi solo in parte a causa del mancato inserimento di elementi, per te, importanti**: la redazione della proposta deve essere COMPLETA sia dal punto di vista tecnico che dei contenuti. Non devi dare nulla per scontato e, di conseguenza, devi inserire nella proposta TUTTO quello che tu e il tuo interlocutore avete stabilito in sede di trattativa.

Ricordati sempre che la Banca delibererà SOLO su quello che TU hai messo per iscritto. Se non dovessi inserire elementi per te importanti, una volta che avrà accettato la tua proposta, l'accordo tra voi sarà perfezionato e non sarà più tenuta a modificarlo ulteriormente.

Ma andiamo per ordine:

11.2 Come devi scrivere una proposta?

Innanzitutto, devi tenere in considerazione il fatto che chi leggerà la tua offerta non conoscerà nulla di te, se non quello che è riportato sulla documentazione in suo possesso e su quella che gli fornirai tu. Non avrà idea delle motivazioni che sono alla base di quella specifica proposta e, al contempo, si sarà già fatto un'idea di come vorrebbe risolvere il problema o di quanto desidererebbe ottenere da te.

Allo stesso tempo avrà, anche, molti altri fascicoli come il tuo da valutare, sopra la scrivania, e poco tempo per farlo.

In conseguenza di ciò, dedicherà solo alcuni minuti per analizzare la tua pratica e per valutare la tua soluzione.

Devi riuscire a convincerlo della bontà delle tue ragioni in quel breve lasso di tempo.

La tua sfida, in questo caso, sarà quella di formulare dettagliatamente la tua proposta spiegando, nello stesso momento, le motivazioni che ne stanno alla base. Dovrai fare tutto ciò utilizzando il minor numero di parole e facendo in modo che, allo stesso tempo, la comprensione di quello che stai dicendo sia sempre ottimale per chi legge.

Le domande che dovresti sempre avere in mente quando stai mettendo nero su bianco la tua soluzione al vostro problema comune dovrebbero essere le seguenti:

1. *"Chi leggerà quello che ho scritto capirà quello che voglio dire?"*

2. *"Se la persona che leggerà la mia proposta non conoscesse nulla della mia vicenda, capirebbe ugualmente che l'offerta che gli sto formulando è la migliore possibile per la Banca?"*

3. *"Quanto tempo ci vuole per leggere e comprendere quello che ho scritto?"*

4. *"Posso riuscire a sintetizzare il testo che ho scritto mantenendone comprensibile il contenuto?"*

Ricordati sempre che, per chi leggerà la tua proposta, tu sarai solo un nome su un fascicolo. A differenza della persona con cui hai affrontato tutta la negoziazione, questo individuo NON avrà mai interagito con te, non ti conoscerà e non avrà imparato a stimarti.

A parte quello che gli avrai scritto e che starà leggendo, l'unico altro punto a tuo favore sarà la valutazione che il tuo interlocutore (ora, si spera, diventato un tuo partner nella trattativa) potrà dargli di te.

Sii sintetico e, nella formulazione della tua proposta, segui il c.d. "principio delle 5W" usato nel giornalismo (*"who"*, *"what"*, *"when"*, *"where"*, *"why"* o, tradotto dall'inglese: chi, che cosa, quando, dove e perché).

Le informazioni più importanti vanno sempre all'inizio del testo, poi si riprendono e, se necessario, si approfondiscono nei paragrafi successivi al primo.

Per rendere leggibile quanto stai scrivendo DEVI prestare molta attenzione alla sintassi e alla grammatica, e devi utilizzare periodi brevi. Quando puoi usa degli elenchi puntati o numerati.

Ogni volta che cambi un concetto vai a capo e lascia una riga vuota in modo tale da evitare il c.d. effetto *"wall of text"* (muro di testo) che, un po', scoraggia la lettura di documenti lunghi (come ho cercato di fare io durante tutto questo libro).

Così facendo otterrai, allo stesso tempo, anche un testo più facile da leggere.

11.3 Quali elementi devono essere sempre presenti?

Poco fa abbiamo detto che, se scriverai male la tua proposta, potresti raggiungere un accordo che soddisferà solo in parte le tue esigenze, il tutto a causa del mancato inserimento di elementi, per te, importanti.

Che cosa intendo?

Poniamo il caso che hai due mutui con la stessa Banca. Uno, più grande, per l'acquisto della tua casa e l'altro, più piccolo, per la sua ristrutturazione. I prestiti sono stati erogati in due momenti differenti e, di conseguenza, sono garantiti da due ipoteche diverse.

Ora, poniamo che tu sia in difficoltà economica e che, per questo motivo, non riesca più a pagare le rate di entrambi i finanziamenti.

Decidi di trattare un saldo e stralcio con la Banca e riesci a trovare un accordo con il tuo interlocutore. Scrivi la tua proposta ma rimani "sul vago" in merito a QUALE debito verrà estinto.

Non ci fai caso, in cuor tuo sai che hai trattato con il tuo interlocutore per l'estinzione di entrambi. Magari fai riferimento espresso solo al mutuo concesso per l'acquisto della tua abitazione mentre non fai riferimento al prestito ottenuto per la ristrutturazione del tuo immobile.

Che cosa potrebbe succedere?

Per assurdo potrebbe accadere che chi deciderà sulla tua proposta, non conoscendo nulla di te e basandosi unicamente su quello che hai scritto, ritenga che la tua offerta sia rivolta alla sola estinzione del primo mutuo e non del secondo.

Come conseguenza di tutto ciò, ti troverai di fronte al fatto che, magari, l'Istituto di Credito avrà accettato la tua offerta, così come l'hai formalmente scritta (stralciando il debito relativo al primo mutuo) ma il contenuto dell'accordo NON ti soddisferà appieno (perché non viene ricompreso il secondo prestito).

A parte questo esempio molto semplice, i casi per i quali il tuo interesse non sia soddisfatto appieno a causa della mancanza di elementi fondamentali per l'accordo potrebbero essere infiniti.

Qui di seguito ti elencherò otto elementi che NON devono MAI mancare quando presenti alla Banca la tua proposta transattiva:

1. **L'indicazione della persona che beneficerà dell'accordo con la Banca**: devi sempre indicare chi saranno i beneficiari dell'eventuale accordo.

   Alle volte, infatti, sono presenti altri soggetti a parte il debitore principale (per esempio, i fideiussori oppure i terzi datori d'ipoteca). È fondamentale individuare in maniera espressa chi sarà a godere del futuro accordo in quanto le persone che non saranno ricomprese nella tua proposta saranno, di fatto, escluse da quest'ultima.

2. **La precisazione di TUTTI i debiti che vorresti estinguere o per i quali stai negoziando**: come abbiamo detto prima devi sempre essere meticoloso nel precisare per quali debiti stai negoziando. Tutti quelli non inclusi nella proposta saranno automaticamente esclusi dall'accordo.

3. **La quantificazione della tua offerta economica**: devi precisare esattamente la somma di denaro che stai offrendo alla Banca, sia che tu stia trattando uno stralcio del tuo debito, sia che tu stia rinegoziando la rata di un finanziamento.

4. **I termini e le modalità di pagamento**: quando e come

pagherai l'Istituto di Credito?

5. **La richiesta di cancellazione delle garanzie ipotecarie iscritte sui tuoi immobili** con la previsione dell'utilizzo della "Legge Bersani", quando è possibile: nel caso in cui avrai estinto completamente il tuo debito attraverso un saldo e stralcio dello stesso avrai il diritto di chiedere l'estinzione e la relativa cancellazione dell'ipoteca che grava sul tuo immobile. Tale garanzia, infatti, non avrà più senso di esistere perché il debito che dovrebbe garantire, quando si sarà perfezionato l'accordo e la Banca sarà stata pagata, NON esisterà più.

   Se possibile, ricordati di chiedere sempre che venga utilizzata la "Legge Bersani" per fare tale cancellazione. In questo modo NON dovrai pagare i relativi oneri.

   Ad ogni modo precisa SEMPRE a carico di chi saranno le eventuali spese di cancellazione delle garanzie ipotecarie iscritte sui beni immobili di tua proprietà.

6. **La previsione dell'assenso della Banca alla cancellazione del pignoramento che grava sul tuo immobile** (e relative spese): una volta che avrai raggiunto un accordo con il tuo creditore non avrà più senso mantenere in essere tale "gravame", quindi ricordati sempre di precisare che la Banca

si impegnerà a prestare l'assenso alla sua cancellazione.

Anche qui è di fondamentale importanza stabilire chi debba sostenere le spese relative alla cancellazione del pignoramento.

7. **La richiesta di provvedere all'estinzione della procedura esecutiva in corso** (con la quantificazione delle relative spese e l'indicazione del soggetto che dovrà saldarle): sembra scontato ma non lo è. Come ti ho detto nel corso del libro, non sempre i legali della Banca sono al corrente del fatto che quest'ultima ha raggiunto, o meno, un accordo con il proprio debitore.

Per evitare che la tua casa possa essere venduta lo stesso all'asta nonostante che tu abbia saldato il tuo debito, nella tua proposta DEVI SEMPRE prevedere l'impegno dell'Istituto di Credito all'estinzione della procedura esecutiva.

Tieni in considerazione che il Giudice che si starà occupando della vendita all'Asta, per poter formalmente estinguere la procedura esecutiva, dovrà liquidare le note spese depositate dal delegato alla vendita, dal custode giudiziale e dal C.T.U. (consulente tecnico d'ufficio).

Tutti questi onorari andranno, poi, pagati da qualcuno. È

fondamentale che, in sede di formulazione della proposta, venga definito CHI dovrà farlo.

8. **La rinuncia espressa ai termini di cui all'art. 630 c.p.c. da parte di tutti i creditori iscritti nella procedura esecutiva**: ora… purtroppo per spiegarti l'importanza di questo punto devo essere un po' più tecnico di come sono stato fino a questo momento.

Quando chiederai l'estinzione della procedura esecutiva per aver raggiunto un accordo con i creditori, il Giudice provvederà in tal senso mediante una c.d. **"ordinanza"**.

L'articolo 630 c.p.c., però, prevede che, entro venti giorni dall'udienza nella quale è stata formulata la predetta ordinanza (o dal momento in cui questa è stata notificata alle parti), i creditori (procedenti o intervenuti) potrebbero presentare, all'Organo Giudicante, un reclamo CONTRO tale pronunciamento, di fatto contestandolo.

La Giurisprudenza ammette che tale diritto alla presentazione del predetto reclamo contro la cancellazione della procedura esecutiva possa essere formalmente rinunciato dalle parti. Cosa che dovrai sempre ricordarti di prevedere nella tua proposta così da evitare che la procedura possa essere, per qualsiasi motivo, "riaperta" e la casa venduta all'Asta.

SEGRETO n. 20

Presta sempre molta attenzione a quello che stai scrivendo e che dovrai presentare alla Banca. Non dare MAI nulla per scontato e, facendo "mente locale" sui punti fondamentali di tutta la negoziazione, riportali nella tua proposta.

Per renderti la cosa più agevole, ti metto a disposizione la checklist degli elementi fondamentali da inserire nella proposta e il modello che utilizzo io in tutte le mie negoziazioni. Puoi trovare entrambi qui:

http://ktstrategieimmobiliari.com/bonus-libro

RIEPILOGO DEL CAPITOLO 11:

- La formalizzazione della proposta rappresenta la parte finale di tutta la trattativa ed è fondamentale che venga fatta correttamente per far sì che tu possa raggiungere i tuoi obiettivi.

- I motivi di un possibile fallimento sono due:
  1. Il rifiuto della proposta per un difetto di comprensione della stessa da parte di chi dovrà decidere per la Banca;
  2. Il raggiungimento di un accordo che ti soddisfi solo in parte a causa del mancato inserimento di elementi, per te, importanti.

- Ricorda sempre che chi leggerà la tua offerta non conoscerà nulla di te, se non quello che è riportato sulla documentazione in suo possesso e su quella che gli fornirai tu. Non avrà idea delle motivazioni che sono alla base di quella specifica proposta e, al contempo, si sarà già fatto un'idea di come vorrebbe risolvere il problema o di quanto desidererebbe ottenere da te.

- La persona che dovrà giudicare la tua proposta avrà poco tempo da dedicare alla lettura di ciò che hai scritto. Devi riuscire a convincerla della bontà delle tue ragioni molto velocemente.

- Sii più sintetico che puoi e, nella formulazione della tua proposta, segui il "principio delle 5W".

- Ricordati sempre di inserire nella proposta questi otto elementi:

  1. L'indicazione della persona che beneficerà dell'accordo con la Banca;

  2. La precisazione di TUTTI i debiti che vorresti estinguere o per i quali stai negoziando;

  3. La quantificazione della tua offerta economica;

  4. I termini e le modalità di pagamento;

  5. La richiesta di cancellazione delle garanzie ipotecarie iscritte sui tuoi immobili;

  6. La previsione dell'assenso della Banca alla cancellazione del pignoramento che grava sul tuo immobile;

  7. La richiesta di provvedere all'estinzione della procedura esecutiva in corso;

  8. La rinuncia espressa ai termini di cui all'art. 630 c.p.c. da parte di tutti i creditori iscritti nella procedura esecutiva.

Dei punti 5, 6 e 7 devi anche prevedere chi sia a doversi incaricare del pagamento di eventuali spese.

Conclusione

Sono felice che tu abbia letto questo libro fino alla fine. Ogni giorno, io e i miei colleghi parliamo con persone che stanno subendo il dramma di avere la propria casa all'Asta e la certezza di rimanere, a vita, debitori di qualcuno.

Puoi scegliere tu stesso di non avere questa sorte. Puoi decidere di negoziare con la tua Banca per cercare una soluzione al tuo problema. Adesso, grazie alla lettura di queste pagine, hai tutti gli strumenti che ti servono.

Ho cercato di fare un sunto di tutto quello che conosco in merito alla negoziazione con gli Istituti di Credito. Ti ho svelato trucchi e strategie che io stesso uso tutti i giorni quando cerco di risolvere i problemi delle persone che si affidano a me e ai miei colleghi. Ricordati sempre, però, che per acquisire la necessaria capacità per riuscire a risolvere le tue controversie con il tuo creditore, avrai bisogno di mettere in pratica ciò che hai letto.

La pura teoria non basta.

Se vivi in una situazione di costante stress perché stai subendo, **in questo momento**, un'azione esecutiva e non hai tempo di mettere in pratica quanto hai letto, ti consiglio vivamente di rivolgerti a uno o più Professionisti che possano aiutarti a trovare una soluzione ai tuoi problemi. Forse ti costerà qualche migliaio di euro ma, se avrai trovato le persone giuste, potrai ritornare a vivere sereno.

Al link che troverai qui di seguito potrai scaricare gratuitamente la scheda che utilizzo io quando mi preparo a negoziare con la Banca per i miei clienti oltre ad altro materiale che penso possa esserti utile.

http://ktstrategieimmobiliari.com/***bonus-libro***

Se dovessi avere delle domande su quanto ho scritto in questo libro o se volessi chiedermi un parere su un tuo problema, puoi tranquillamente contattarmi a questo indirizzo mail:

direzionelegale@gruppokt.com

Se, invece, vorrai rimanere informato su tutte le novità in tema di problematiche bancarie e loro possibili soluzioni, ti suggerisco di seguire il mio blog:

http://ktstrategieimmobiliari.com/*blog*

Oppure di entrare a far parte della mia community:

http://ktstrategieimmobiliari.com/*rimani-informato*

P.S.: un'ultima cosa… ho impiegato molte energie e molto tempo per scrivere questo libro e ci terrei veramente tanto a sapere che cosa ne pensi. Se ti è piaciuto, potresti farmi la cortesia di scrivere una recensione?

Se non ti è piaciuto, invece, potresti dirmi il perché? Sono bene accette critiche costruttive… mi serviranno per migliorare nell'aiutare le altre persone a risolvere i loro problemi.

Ad ogni modo ti ringrazio sin d'ora per tua disponibilità.

Andrea Gamberi

9 788886 174858 3